MULTI COSMOS

PABLO C. REYNA

MULTI COSMOS

ATRAPADOS SIN WIFI

Ilustraciones de
Luján Fernández

Montena

El papel utilizado para la impresión de este libro ha sido fabricado a partir de madera procedente de bosques y plantaciones gestionadas con los más altos estándares ambientales, garantizando una explotación de los recursos sostenible con el medio ambiente y beneficiosa para las personas. Por este motivo, Greenpeace acredita que este libro cumple los requisitos ambientales y sociales necesarios para ser considerado un libro «amigo de los bosques». El proyecto «Libros amigos de los bosques» promueve la conservación y el uso sostenible de los bosques, en especial de los Bosques Primarios, los últimos bosques vírgenes del planeta.

Primera edición: junio de 2016

© 2016, Pablo C. Reyna
www.pablocreyna.com
© 2016, Penguin Random House Grupo Editorial, S. A. U.
Travessera de Gràcia, 47-49. 08021 Barcelona
© 2016, Luján Fernández, por las ilustraciones

Printed in Spain – Impreso en España

ISBN: 978-84-9043-591-5
Depósito legal: B-7.367-2016

Compuesto en Compaginem Llibres, S. L.

Impreso en Limpergraf
Barberà del Vallès (Barcelona)

GT 3 5 9 1 5

Penguin
Random House
Grupo Editorial

Para Silvia y Naza,
madrinas de PardiñasPlanet

‹Un asunto Top Secret›

Relax, estoy a punto de hacerme con la Copa de la Muerte. Respiro hondo. Uno, dos, tres. ¿Cuáles eran las teclas del comando de espirar? Suelto el aire. Ok, perfecto, estoy listo.

He llegado hasta el fondo de una grieta al final de un cráter en medio de un valle al final de un planeta peligrosísimo, ¡y todo de un tirón! La ansiada Copa de la Muerte resplandece delante de mí; un sencillo cáliz del tamaño de un melón bañado en oro, que brilla igual que la frente de papá después de volver del gimnasio. Han pasado tres meses desde la última vez que intenté hacerme con ella, además de un montón de aventuras. He tenido que vencer de nuevo a Piratas Espaciales, monjas ninja y velocirraptores zombi, pero he llegado hasta el final. Estoy a punto de conseguir el premio más deseado, con permiso del Tridente. Sólo tengo que estirar el brazo de mi avatar y...

—¡¡¡QUÉ SUPERFUERRRTE!!!

Un chillido más agudo que la señal de un submarino retumba en los auriculares del ordenador y me hace vibrar las orejas 5 grados de la escala Richter. Tengo que bajármelos hasta el cuello para no quedarme sordo. Mi avatar se gira en redondo para buscar al dueño de esa voz de murciélago, y en su lugar encuentro no uno, sino cinco Cosmics dando saltitos y haciéndome fotos con sus holopulseras. Tienen camisetas con mi nick y dos de ellos visten un traje espacial idéntico al que llevo puesto, como si fuesen... Eh, un momento. ¿Van disfrazados de mí?

—¿Hola?

—¡¡¡¿¿¿ERES TÚ???!!! —grita una avatar patinadora, y volviéndose a sus compañeros, exclama—: ¡¿ES ÉÉÉL?! —El nick GrupiLover flota sobre su cabeza—. ¡¡¡NO ME LO PUEDO CREER!!!

Los otros Cosmics le hacen los coros, cada uno más histérico que el anterior. Estoy más perdido que el abuelo con las instrucciones del Blu-ray.

—A ver, chicos —intento explicarles. Me cruzo de brazos y me pongo serio. Menos mal que la tecnología de Multi-Cosmos disimula mi voz de doce años—. No sé qué clase de pregunta es «¿Eres tú?», porque todos somos *tú*, quiero decir, *uno mismo*, pero el caso es que ahora estoy ocupado, ¿vale?

—¡¡¡QUEREMOS VERTE GANAR!!! —grita un avatar de pelo verde. Da unos saltitos ridículos mientras habla—. ¡¡¡Eres *nuestro* fan!!!

—Oh, no, otra vez no. —Me llevo la mano a la cabeza. He perdido la cuenta de las veces que lo he explicado—. Vosotros sois *mis fans*, no al revés, y sobre todo: ¡cortad el rollo! Me ha costado muchísimo llegar hasta el último nivel de este planeta como para arruinarlo ahora.

Pero los Cosmics no atienden a razones y se ponen a dar vueltas a mi alrededor en plan danza tribal. No sé si se alegran de verme o me quieren centrifugar.

—Perdonad, pero... Si me dejáis... ¡Oye, eso es mi pierna!
—Un Cosmic regordete se pasa de la raya cuando se pone a besuquear mi pierna. Entonces desenvaino la espada binaria, golpeo el suelo y provoco un relámpago que los frena en seco. Ahora sí que me entienden—. ¡¿Queréis parar?! Llevo semanas detrás de la Copa de la Muerte. ¿Qué digo semanas...? ¡Meses! Y cuando estoy a punto de conseguirlo, venís vosotros a arruinarme la partida.

—Pero es que... eres superguay, molas mogollón, nosotros... te queremos —insiste GrupiLover, que hasta lleva una camiseta con la foto de mi avatar y el suyo... ¿besándose? Puaj.

—¿Es que no sabéis lo peligroso que es el País de la Muerte? —De un simple vistazo confirmo que sólo son un grupo de panolis que no tienen ni idea. Han llegado hasta aquí pisándome los talones, aprovechando la vía libre de cadáveres Mobs que he dejado a mi paso—. País de la M-U-E-R-T-E, ¿es que eso no os dice nada?

—¿Te puedes hacer un selfi con nosotros? —pregunta un Cosmic de cuatro brazos llamado VitoR. No sé para qué pregunta, porque ya tiene su mejilla pegada a la mía y con la muñeca levantada apuntando su holopulsera hacia nosotros.

De pronto, un rugido ahoga los chillidos de mis fans y nos quedamos en silencio. La poca luz que llega al fondo de la grieta donde nos encontramos desaparece por completo cuando un objeto volador no identificado se interpone entre nosotros y el cielo. Problemas.

Una gota caliente y asquerosa me cae en la cara cuan-

do levanto la vista para descubrir lo que se me viene encima: un dragón. Damos un bote al escuchar un segundo
rugido.

Un escupefuegos del tamaño de una orca desciende en picado y levanta una nube de ceniza al aterrizar. Antes de que podamos reaccionar, vomita una llamarada que nos quita un ♥ a cada uno.

—¡Sálvanos! ¡Eres nuestro héroe! —chilla GrupiLover, echándose a mis brazos. Tengo que apartarla a un lado para librarla del zarpazo del dragón y salvar así su vida. Suerte que mi malla feérica es a prueba de bichos que no conocen la manicura.

Los chillidos de los fans son todavía más agudos que al principio de encontrarnos; van a hacer que me sienta un poco importante.

—¡Huid, mendrugos! ¡Este dragón no va a esperar a que nos hagamos la foto! —Los cinco se quedan parados. Seguramente nunca han sacado un arma en MultiCosmos. Conozco a esta clase de Cosmics: se pasan el día cotorreando en sus planetas de máxima seguridad, siguiendo a los Cosmics que más les gustan, mientras los demás retransmitimos nuestros viajes en los que arriesgamos la vida. Bueno, vale, la vida virtual, claro. Pero la vida, a fin de cuentas.

—¿Podemos ver cómo lo matas? —pregunta el Cosmic de cuatro brazos. Me llevo la mano a la cabeza, desesperado. Los doy por perdidos—. ¡Prometemos que no haremos ruido!

No me queda más remedio que ignorarlos e interponer la espada binaria entre el dragón y yo. Ya he luchado antes con Mobs como éste, criaturas virtuales de inteligencia artificial, aunque lo de inteligencia artificial es una forma de hablar: no saben distinguir su cola de un enemigo. Sólo necesito encontrar su punto débil.

El dragón me asesta un bocado por cada cinco espadazos que doy. Tiene la piel más dura que una roca, pero el truco es apuntar entre las escamas, igualito que cuando el abuelo trincha un pollo. Salto sobre él y ¡zas!, ¡zas! ¡Hecho! Mi espada se clava en su cuello igual que un palillo en una aceituna. Finalmente consigo eliminarlo de una patada en el culo, pero con tan mala suerte que, justo antes de desintegrarse y reportarme 50 PExp, arroja la Copa de la Muerte de un coletazo.

Mi avatar y yo nos quedamos en silencio mientras el trofeo se balancea sobre una grieta entre las rocas. Los Cosmics fans aguantan la respiración. La Copa gira igual que una peonza, durante cinco segundos interminables, hasta que se cuela por una minúscula rendija entre dos surcos de lava solidificada y cae por un agujero profundo. Argh. Otra oportunidad perdida.

—Omg... —murmuro petrificado. Este trofeo está gafado.

—Oye, lo siento mucho, pero ¿te importaría hacerte un selfi con nosotros? —insiste GrupiLover, que ya se ha olvidado del dragón del que los acabo de salvar. Los cinco vuelven a esbozar su sonrisa de fanáticos—. ¡El selfi de la derrota! ¡Vamos a fardar a tope!

Esto es demasiado para mí. Activo el escape rápido y me marcho del Valle de la Muerte antes de que me entren ganas de entregar este lote de pardillos a los Piratas Espaciales. Es la tercera vez en menos de un mes que tengo que dejar una aventura a medias por culpa de los fans que me persiguen.

Al principio, cuando gané la competición del Tridente de Diamante y me convertí en el Usuario Número Uno de MultiCosmos, me divertía que me reconociesen en todas partes. Recibí tantos millones de mensajes privados en una semana que tuve que echar el cerrojo al Comunicador. Mi nick apareció en los telediarios de medio mundo, y en cualquier tienda, desde Albacete hasta Tombuctú, puedes encontrar un muñequito con la imagen de mi avatar. Pero mi identidad real sigue siendo un misterio para la humanidad, excepto para mi amiga Alex, claro. Mi casa se llenaría de periodistas y curiosos si se enterasen de que soy yo, y lo peor de todo: mamá me castigaría sin internet hasta el año 2087 por participar en una competición «de mayores».

Entre tanta locura colectiva, todavía existe un sitio donde puedo pasar el rato sin que me molesten: El Emoji Feliz, mi tugurio favorito de la red. Subo al Transbordador y pongo rumbo a GossipPlanet. Una vez tengo un pie en la avenida principal, activo un comando que oculta el nick de mi avatar durante los siguientes noventa segundos, tiempo suficiente para cruzar la marabunta sin interrupciones y llegar a la taberna. Es un privilegio de las cuentas PRO al que no renunciaría ni por un millón de cosmonedas.

Una vez dentro de El Emoji Feliz, sonrío al reencontrarme con los clientes de dudosa procedencia, el suelo cubierto de grasa y sus características sobras de sándwich de *spam* esparcidas por todas partes. El emoji de la flamenca ofrece un espectáculo deprimente subido a unos tablones de madera sin que nadie le preste atención. Gracias a su mala fama, este antro sigue sin aparecer en ninguna guía turística, y eso es precisamente lo que lo hace especial.

—¿Qué tal, chico? —El avatar que me saluda es Cer3e$0, el encargado del lugar. Nos conocemos desde hace dos años, aunque nunca hemos cruzado más de diez palabras. Él sabe que el éxito de su negocio consiste en no entrometerse en la vida de los demás.

Pido el zumo de pantone de siempre y busco sitio al fondo de la taberna. Para mi sorpresa, allí me espera una elfa-enana que conozco bien, Amaz∞na. Es el avatar de Alex, otra estrella de MultiCosmos y, últimamente, aficionada a frecuentar El Emoji Feliz. Vale, no es tan famosa como yo, pero también tiene hordas de Cosmics siguiéndola hasta el baño.

—Te *eftaba efperando* —dice con la boca llena—. ¿Ha ido bien la partida?

—Mal tirando a fatal —respondo al tiempo que me siento a la mesa y echo un vistazo al rábano de su plato. No sé cómo consigue que Cer3e$0 le permita entrar comida sana al local. El Emoji Feliz es famoso por su asquerosidad, y así sólo va a arruinar la mala reputación—. Los fans han vuelto a seguirme hasta otro planeta.

—Esto te pasa por anunciar tu siguiente destino en las redes sociales, luego no te extrañes si tienes un montón de locos en el planeta esperando a saludarte.

Los Cosmics de la sala, en cambio, sí nos miran de reojo de vez en cuando, aunque ninguno nos dirige la palabra y se olvidan de nosotros tan pronto les toca el turno en el multicromos, el juego de mesa estrella de la red. A este antro vienen Cosmics mercenarios, contrabandistas y falsificadores de cuentas, la clase de avatares que intentan camuflarse con la pared.

—¿Estás listo para mañana? —me pregunta Amaz∞na después de tragar el último pedazo de rábano. La elfaenana suelta un eructito muy fino, mitad elfo, mitad enano, y me mira avergonzada—. Perdón.

—Puf, necesitaré tiempo para colarme por ese hueco y bajar a por la Copa de la Muerte. Tendré que minimizarme y...

—No hablo de la Copa de la Muerte, animalito —me corrige—. Hablo de las notas de fin de curso.

Es escuchar esa palabra maldita y automáticamente escupir el zumo como un sifón. El Cosmic de la mesa de al lado, un tal RompePiernas, me dirige una mirada asesina. Tiene restos de pantone hasta en la calva.

—¡Ups! Le invito a esa jarra de ginebrytes —digo a modo de disculpa. Puede que sea el Usuario Número Uno de MultiCosmos, pero todavía me pueden aplastar los huesos en una pelea. El tío hace un amago de venir a probar su nick conmigo—. ¡¡¡Y a la ronda siguiente!!!

Parece que eso lo calma, porque vuelve a acomodarse a la espera de que la camarera le traiga una nueva jarra. Entonces me dirijo a Amaz∞na en voz baja:

—¿Mañana? ¿Cómo tan pronto? —Había olvidado por

completo la entrega de las notas. Hace una semana que terminamos las clases y todavía tenía la esperanza de que los profes del instituto se olvidasen de corregir y pusiesen un aprobado general. Aunque sospecho que eso sólo ocurre en los sueños.

—Ya verás como todo irá bien —me tranquiliza, aunque yo no las tengo todas conmigo.

Las matemáticas de la profesora Menisco son tan difíciles que parecen un examen de acceso a la NASA. Aunque estudié lo mío para la prueba final, no tengo mucha confianza en el quesito que dibujé para solucionar un problema de fracciones y me da que me lie en el ejercicio de perímetros, estoy acostumbrado a las distancias en píxeles de MultiCosmos. (¿A quién se le ocurre pedir una circunferencia en *centímetros*? El sistema métrico decimal está sobrevalorado.) Sospecho que he suspendido, y mi familia fue muy clara al respecto.

—Me castigarán sin internet hasta nuevo aviso —digo sin levantar la vista del zumo—. Estaré todo el verano sin conectarme.

—Eso es imposible... —La elfa-enana tiene que hablar bajito para que no nos escuchen desde las otras mesas, pero no puede ocultar la emoción—. ¡Eres el Usuario Número Uno, el avatar con más PExp de todo MultiCosmos! Ganaste la Competición más difícil de la historia..., aunque jamás lo hubieses logrado sin mi ayuda, claro —matiza, por si se me ha olvidado. Pero es difícil que me olvide, porque lo repite unas quince veces al día, en persona y en avatar—. Tus padres no pueden dejarte sin conexión.

—Mis padres no saben nada de esto —le recuerdo, y Amaz∞na asiente; ella tampoco ha explicado todos los detalles a su familia— y fliparían si se lo contase: «Hola, papá; hola, mamá. ¿Os acordáis de ese tipo misterioso que ganó el Tridente de Diamante, el que los periodistas tienen tantas ganas de pillar, especialmente tú, mamá, para poder dar la exclusiva en tu diario? Pues resulta que soy yo, pero se me pasó comentarlo con vosotros. Por cierto, ¿qué hay para cenar?».

—Vale, captado, pero ¡no quiero que te castiguen sin MultiCosmos! Hacemos un equipo increíble. Eres el único con el que no tengo que fingir que soy una bióloga veinteañera conectada desde el corazón de la selva.

Ni Amaz∞na ni yo nos hemos dado cuenta de que se ha hecho el silencio en la taberna y la última frase de mi amiga se ha escuchado claramente en todas las mesas. Se muerde el labio, pillada, y añade rápidamente:

—... y eso fue lo que me dijo mi prima. ¿Te lo puedes creer? Jajaja.

Pero nadie le presta atención, ya que los clientes tienen algo más interesante que atender. Somos los últimos en darnos cuenta de que ha entrado un grupo en El Emoji Feliz. Son seis Cosmics muy diferentes entre sí, pero los une la capa plateada del uniforme y la estrella que flota junto a su nick: es la identificación inconfundible de los Moderadores, el cuerpo de seguridad de MultiCosmos. Tienen privilegios para entrar en cualquier lugar, y pueden silenciar tu avatar o bloquearte durante veinticuatro horas con sólo teclear un comando. Se supone que están para garantizar la convivencia y el respeto por las normas de uso de la web, pero los delincuentes que frecuentan El Emoji Feliz no opinan igual. La tensión se masca en el ambiente. La única que no se ha pispado es el emoji de la flamenca, que sigue taconeando como si no hubiera un mañana.

—Buenas noches. —Cer3e$0, el tabernero, sale de la barra para darles la bienvenida. Si no fuese imposible, juraría que el avatar está sudando—. ¿En qué puedo servirles, Moderadores? ¿Quizá les apetece una jarra de ginebrytes?

—No bebemos cuando estamos de servicio —responde de malas maneras uno de ellos; luego repasa el tugurio con mirada inquisidora—. Estamos en una misión.

Las palabras del Moderador provocan un murmullo de desaprobación entre los clientes, que temen una redada. Puedo sentir el tembleque de RompePiernas en la mesa de al lado. ¡Ja, ya no es tan valiente! Algunos se llevan la mano a las armas por lo que pueda pasar, pero es inútil: Gossip-Planet es un planeta pacífico, donde el uso de las armas está bloqueado. Bloqueado para todos los Cosmics menos para los Moderadores, claro.

De pronto la puerta de la calle se vuelve a abrir y entra un avatar de considerable estatura, cubierto con una capa dorada. Tiene el aspecto de un humano cincuentón, con el cabello de color platino y una corona idéntica a la de los emperadores romanos, sólo que con lenguas de fuego en vez de hojas de laurel. También flota una estrella sobre su cabeza, pero ésta es de oro. Es la insignia de los Administradores, los mandamases que discuten las leyes de Multi-Cosmos y dan órdenes a los Moderadores. Son más difíciles de ver que un trébol de cinco hojas (los de cuatro están por toda la red). El asunto debe de ser serio si uno de ellos ha venido hasta El Emoji Feliz.

Amaz∞na me da un pellizco cochinero por debajo de la mesa que casi me tira de la silla.

—¿Qué pasa?

—Es *él* —me dice sin más, como si fuese lo más obvio del universo.

Leo el nick que flota encima de su cabeza: Celsius... ¿De qué me suena ese nombre? Estoy seguro de que jamás he hablado con un Administrador, pero juraría que lo he oído antes.

De pronto recuerdo que, aunque mi avatar esté quieto como un clavo en una sala repleta de miembros de seguridad, yo (el real) estoy sentado en el desván de mi casa frente al ordenador, y todavía puedo abrir una ventana del navegador para buscar en WikiCosmos.

Tecleo rápidamente «Celsius» y aparecen 43.600.000 resultados. Tiene que ser importante. Pincho en el primer resultado, pero no me da tiempo a empezar a leer porque, al otro lado de los auriculares, se ha hecho un silencio extraño. Cuando vuelvo a abrir la ventana de MultiCosmos, todos los clientes-criminales me están mirando. El Administrador ha preguntado por *mí*.

Los Moderadores custodian al Administrador en los diez pasos que separan la puerta de la taberna de nuestra mesa. Celsius no camina, ¡flota! Y da un mal rollo terrible. Repaso mis últimas aventuras: ¿qué delitos he podido cometer? Repíxeles, no debí superar el límite de velocidad a lomos de ese cerdo volador. Seguro que es eso.

—Vale, lo admito, me declaro culpable. —Me pongo en pie, acobardado—. Pero es que tenía prisa por llegar, y...

—Silencio. —Los ojos de Celsius me miran de tal forma que siento que me clava contra la pared. Entonces el corazón me da un vuelco: no son dos ojos los que me están mirando, sino tres. Un tercer ojo, con la pupila de serpiente, me disecciona desde el entrecejo—. No digas ni una palabra más.

—¡Chitón! No diré nada, totalmente callado, como una piedra. —Me paso una cremallera invisible por los labios, pero la vuelvo a abrir porque me he dejado algo—: Qué digo una piedra. ¡Como un montón de piedras!

Amaz∞na pone los ojos en blanco (mola, tengo que preguntarle por ese comando). Sin embargo, no es momento para teclas de ordenador, porque acabo de perder el control de mi avatar: el Administrador ha abierto un privado para pedirme que lo acompañe. Es muy educado por su parte, ahora que controla mi avatar y puede arrastrarme donde quiera. Preferiría meter los dedos en el enchufe de internet que ir con él, pero me temo que no tengo opción; es la autoridad.

Celsius saca un objeto del bolsillo de la capa. Se trata de

una llave dorada envuelta en un pañuelo de seda granate, prueba de la pasta que manejan en Administración. Luego dirán que no hay dinero para asfaltar GossipPlanet.

La llave brilla tímidamente, esperando que la toquemos. No hay que ser un experto para saber que es un hipervínculo que nos trasladará automáticamente a otro lugar. Cruzo los dedos para que no sea uno de los calabozos de MultiCosmos: dicen que las ratas son tan grandes que hacen de guardianes.

El Administrador me invita (mejor dicho, *me obliga*) a tocar la llave. Cuando tienes media docena de Moderadores rodeándote, no te quedan muchas opciones para negociar. Poso el dedo en el hipervínculo un segundo antes que él...

Y viajo...

Automáticamente aparezco en un despacho sin paredes. Sé que es un despacho porque tiene un escritorio y dos butacas, además de un sacapuntas eléctrico, pero donde tendrían que estar las paredes no hay más que espacio abierto, una impresionante galaxia que gira a nuestro alrededor. Varios planetas orbitan muy cerca de donde nos encontramos, y casi juraría reconocer algunos de ellos.

Ése con forma de cubo de Rubik tiene que ser Burocrápolis, el planeta del papeleo; cuando estás a punto de llegar a la ventanilla correcta, los bloques se mueven para que tengas que volver a empezar. El astro azul seguro que es el Cuartel General de Moderación, donde está la cárcel; si no estoy allí, significa que no me van a detener... por ahora. Y el platillo que gira a su alrededor es el Centro de Seguridad. Estoy tan empanado con la vista espacial que no me doy cuenta de que Celsius lleva un minuto carraspeando... hasta que pega un puñetazo sobre el escritorio.

—Perdón.

—No es nada. Entiendo que te impresione —dice con una sonrisa falsa—. Siéntate..., por favor.

Un «por favor» en su boca suena igual que mi abuelo hablando chino: como ciencia ficción. Obedezco antes de que se le ocurra asarme en su corona de fuego.

—Bonitas vistas. —Es lo único que se me ocurre decir. Un cometa pasa muy cerca de las paredes invisibles del despacho; tenía el aspecto de ser un Cosmic en Transbordador.

—No te he traído hasta aquí para contemplar el cielo. —Su butaca es por lo menos cuatro veces más grande que la mía. Al echar un vistazo a su escritorio, reparo en una identificación que no había visto antes.

Celsius
Administrador Supremo

—¡Eres *tú*! —grito flipado. Celsius entrecierra los tres ojos a la vez; mi exclamación era la respuesta a Amaz∞na, pero con cinco minutos de retraso, y ahora no está conmigo para entenderlo. ¡Ya sé lo que ella me quería decir! Celsius no es un Administrador cualquiera, es el Administrador *Supremo*, el jefazo de los Administradores. Puede sentarse sobre sus cabezotas si le da la gana y es el único Cosmic del universo (virtual y real) con contacto directo con los cinco Masters, el vínculo entre el máximo poder y el resto de MultiCosmos. Este tipo con capa dorada es más importante que muchos presidentes de Estado.

—Dejemos a un lado el *Quién es quién* —dice displicente—, porque estamos aquí por ti. ¿Se puede saber qué has hecho...?

—En cuanto al cerdo volador...

—¿... que llevamos semanas buscándote para hacerte llegar tu invitación?

—¿Mi *qué*? —Vale, ahora sí que estoy perdido. ¿Una «invitación»? ¿Desde cuándo te meten en el calabozo con una invitación? Es muy raro. Quizá me he precipitado culpando al cerdo volador—. ¿Intentabais contactarme? Eso sí que es un *fail*, porque hace meses que no entro en mi Comunicador. Recibía tantos mensajes de fans que tuve que echar el cerrojo.

Celsius pone los tres ojos en blanco; espero que no vuelva a hacerlo, porque da repelús.

—Entonces supongo que no sabrás nada del Asunto Ultra Secreto. —Mientras habla, abre un cajón flotante del escritorio y extrae una carpeta llena de sellos. La clase de cosas que pones para que todo el mundo tenga unas ganas irrefrenables de ignorar la prohibición y leer. Seguro que si mi hermano viese eso en la portada del *Quijote*, lo devoraría en menos de una noche. Yo mismo tengo que contenerme para no saltar sobre la mesa y abrir la carpeta de los secretos—. Esto que ves aquí es el proyecto más ambicioso de los Masters... La celebración del décimo aniversario de MultiCosmos.

—¿Voy a poder ver a los Masters? —pregunto mirando hacia los lados. Busco una puerta en el despacho, aunque supongo que lo tradicional en este planeta es aparecer y desaparecer de la nada—. ¡Son supersimpáticos! ¿Sabes que los conocí hace meses, cuando gané el Tridente? Bueno, en realidad sólo a tres de ellos, pero ¡molan mucho! Supongo que los otros dos estaban en el baño.

Por la expresión de aburrimiento de Celsius intuyo que mi historia no le interesa en absoluto. Claro, es que es el único Cosmic que tiene contacto con los Masters de MultiCosmos, y de nada me vale presumir que he pasado unos minutos con ellos. Él está acostumbrado a verlos a diario.

—¿Has acabado ya? —pregunta hastiado. Yo asiento, que no quiero probar si Celsius echa rayos por ese tercer ojo—. Está bien; supongo que te acordarás del planeta Beta_ok_definit_finalOK, el escenario final de la Competición donde te convertiste en el Usuario Número Uno. Quiero enseñarte esto.

En vez de abrir la carpeta de TOP SECRET como una persona normal, la coge por una de las puntas y la lanza al aire. La carpeta se encaja mágica —o cósmicamente— al vacío y se amplía hasta convertirse en una pantalla flotante. Celsius tamborilea tres veces con los dedos sobre el cristal de la mesa para que comience una proyección.

¡Bienvenidos a Beta2, el planeta de la diversión!

¿Recuerdas la aburrida superficie de hormitrón? ¿Los Mobs antipáticos que salían al caer la noche? ¡Olvídalo todo! Los Constructores más prestigiosos de MultiCosmos han reseteado el micromundo para crear el planeta más flipante del universo.

Un campo de muslitos de pollo, un centenar de Mobs ayudantes, recursos ilimitados de construcción... ¡En Beta2 lo tendrás todo! O mejor dicho, lo tendrá el ganador...

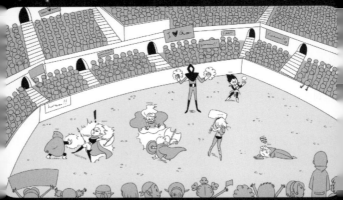

Porque Beta2 alojará muy pronto el Mega Torneo, la aventura cósmica definitiva, la competición del décimo aniversario. Los ocho Cosmics más poderosos de MultiCosmos se retarán en una lucha sin igual donde el ganador se hará con... (Suena el clásico redoble de tambores...) el mismo planeta Beta2, con sus nuevos

—¡OMG! —chillo de pronto—. ¿Un planeta entero... para el ganador?

—Del primer bit al último —responde Celsius, acomodándose en su butaca—. Teniendo en cuenta los recursos ilimitados y el precio del megapíxel cuadrado en esa galaxia, es un premio sin precedentes... Todavía mejor que ese Tridente de Diamante que ganaste.

—No me lo recuerdes...

Aunque yo me proclamé ganador de la Competición, lo cierto es que jamás hubiese llegado hasta el final sin la ayuda de Amaz∞na, y nuestro acuerdo pasó porque ella se quedase con el arma invencible. Basta con un golpecito del Tridente para ganar cualquier duelo, obligar al otro a bailar una jota o reducirlo a serrín; sin embargo, la moralista de mi amiga prefiere tener el objeto cogiendo polvo en su inventario, para no desequilibrar las fuerzas cósmicas y blablabla. No hay quien la entienda.

En cambio este premio es todavía mejor, porque un planeta no se consigue tan fácil. Como mucho, algunos tienen asteroides que utilizan para jugar a la Construcción, pero están tan lejos que el Transbordador tarda tres días en llegar y nadie quiere visitarte. En mi planeta podría hacer lo que me diese la gana, desde castillos hasta parques de atracciones. ¡Incluso una sucursal de El Emoji Feliz, si me apeteciese!

—¿Y qué tendría que hacer para participar? —pregunto ansioso.

—Sólo firmar aquí, nada más. —Las llamas de la corona de Celsius vibran de impaciencia.

El Administrador Supremo me extiende un contrato sobre el escritorio que leo de un vistazo.

CONTRATO

Yo,_____ , acepto competir en el Mega Torneo.

Inserta tu nick

Firma:

Papá y mamá se enfadarían si supiesen que estoy fir-
mando algo sin su permiso, claro que para eso tendría que
reconocer que soy el Cosmic más famoso de los dos uni-
versos, el virtual y el real, y esa bronca sería todavía más
dura. Conclusión: más vale pedir perdón que pedir permiso. Firmo con mi mejor autógrafo y le devuelvo el contrato
al Administrador Supremo. Lo único que quiero es tener mi
propio planeta, con su surtidor de M&M's Crispy y carreras
de Mobs elefantes.

Nada más soltar el documento, éste se oscurece y se
disuelve sobre el escritorio igual que un cubito de hielo de
alquitrán. Vale, eso ha sido raro. Celsius enseña los dientes
afilados con intención de tranquilizarme.

—Sólo nos faltabas tú para arrancar el MegaTorneo.

—¡Pues ya me tenéis en el ajo! ¿Cuándo empieza? —pregunto tímidamente. Mañana me dan las notas y comienzo el descanso. Como mamá no tiene vacaciones hasta agosto, espero poder dedicar tiempo a sumar Puntos de Experiencia y aprender comandos. Tendré tiempo de sobra para entrenarme—. ¿Será después de verano? ¿El año que viene?

—¡Caraculo! ¡La cena está lista!

El grito de mi hermano desde la cocina suena tan alto que se ha colado por el micrófono y Celsius lo ha escuchado en su despacho. El problema es que la tecnología de MultiCosmos transforma mi voz para que parezca un adulto y nadie se pispe de mi edad, y esa misma tecnología acaba de pronunciar el «caraculo» en los labios de mi avatar y directamente a la jeta del Administrador Supremo.

—¿Ya hemos terminado? —le digo al tres-ojos—. Tengo un asunto urgente que resolver.

Cuando tienes un hermano adolescente, no te puedes permitir llegar ni un minuto tarde a la cena. Es capaz de zamparse media bandeja de croquetas en menos de tres minutos y todavía saca tiempo para hacerse cinco selfis.

—Eh... Espera... ¿No quieres que te cuente...?

—Envíame un privado. ¡Buenas y cósmicas noches! —me despido.

Cierro sesión y bajo los dos pisos desde el desván hasta la planta baja preguntándome cuándo arrancará ese Mega-Torneo, si tendré tiempo de sobra para entrenar entre verano y otoño. Lo último que me imagino al llegar a la cocina es que estén hablando del tema en la televisión.

—Han mencionado tu *MultiColmos* en el avance del telediario —me dice mamá, que ha renunciado a aprenderse el nombre—. ¡Ahora amplían!

Hace días que la tele dedica especiales a MultiCosmos. Son diez años de éxito ascendente, aunque hace tiempo que los Masters se volvieron tan asquerosamente ricos que se retiraron en sus palacios apartados del mundo y sin conceder una sola entrevista. El presentador del telediario hace un rápido repaso por las vidas de G0dNeSs, Mr Rods, Enigma, Nova y Mc_Ends, los cinco cerebros detrás de la plataforma más exitosa de la red. No puedo evitar emocionarme al ver una foto de los cinco jóvenes en sus años de universidad, cuando todavía no imaginaban lo que tenían entre manos. Es la última foto que existe del grupo.

Pero a pesar de vivir apartados, los Masters nos tienen preparada una sorpresa de cumpleaños. El presentador del telediario introduce una última hora:

MULTICOSMOS ACABA DE CONVOCAR EL MEGATORNEO, EL MULTIDUELO MÁS BRUTAL DE LA RED, CON EL PLANETA BETA2 Y UN MILLÓN DE PUNTOS DE EXPERIENCIA COMO PREMIO.

¡Sí que se han dado prisa en anunciarlo! Pero hay más: el presentador anuncia que el Cosmic más famoso de la red (o sea, yo) participará (el abuelo mira mi avatar en la pantalla y después me observa a mí, curioso; ¿sospechará algo?). Sí que se han dado prisa.

—¿Cómo se han enterado tan rápido? —pregunto sorprendido, y tengo que morderme la lengua. No hace ni tres minutos que he firmado el contrato.

—Además del Usuario Número Uno —el presentador sigue con la noticia; todavía no me acostumbro a que me mencionen en el telediario—, otros siete Cosmics mundialmente conocidos han confirmado su participación.

Un vídeo molón presenta brevemente a mis rivales. Me quedo pegado a la pantalla, mientras mi hermano Daniel se mete tantas patatas fritas como le caben en la boca. Papá tiene que alejarle la bandeja para que no termine con las últimas.

Sidik4 · 17 años · Alejandría, Egipto
Considerada «la gran Cosmic del mundo árabe», vuelve a Beta para vengar su propio asesinato tres meses atrás. Estas cosas sólo ocurren en MultiCosmos.

SuperRouter · 45 años · Tlaxcalixtlahuaca, México
Conoce todos los secretos de MultiCosmos. Se registró el mismo día de la apertura y ha asistido a más de cincuenta convenciones Cosmics alrededor del mundo. «Conozco más comandos que los Masters.»

Hikiko · 14 años · Tokio, Japón
Hace cinco años que se encerró en su habitación para no desconectarse de MultiCosmos ni un minuto y acumula más de treinta trofeos internacionales, incluyendo el Récord de Partida Ininterrumpida (73 horas y 11 minutos sin parar). Es la esperanza nipona.

Spoiler · 39 años · Marsabit, Kenia
Fue una de las sorpresas de la competición del Tridente de Diamante, después de años desaparecido. Esta vez luchará por el primer puesto.

L@ia · 28 años · Barcelona, España
Esta *videotuber* cuenta con más de medio millón de suscriptores. Está dispuesta a comprobar si la arena se le da tan bien como su canal.

Qwfkrjfjjirj%r · 35 años · Nueva Delhi, la India / Nueva York, Estados Unidos
Hasta hace poco era el imbatible Usuario Número Uno, ahora vuelve para recuperar su trono. «No me voy a detener ante nada.»

GlendaGlitter™ · 18 años · Borken, Alemania
Ha ganado nueve *reality shows* desde que saltó a la fama. El MegaTorneo es su primera experiencia como Cosmic. «¡Comprad los productos de mi supermarca de maquillaje, #peques! #love #supercosmic!», han sido sus primeras palabras.

—Todo está listo para el MegaTorneo, el juego más emocionante jamás celebrado en MultiCosmos —concluye el presentador—. La noche del domingo podremos disfrutar de la primera prueba desde las plataformas de la web y en esta misma cadena. ¡Estén atentos!

—Buah, es a la vez que la Copa Intercontinental —dice Daniel, que prefiere los eventos deportivos.

—¿Este domingo? —Saco la cuenta mental. Sólo faltan cuatro días—. ¡Eso es ya!

—Qué nervios tienes, chico —dice el abuelo—. ¡Ni que tuvieses que jugar tú!

He de morderme la lengua. Papá y mamá no quieren que pase demasiado tiempo con el ordenador. Su máxima preocupación es que haga cosas normales de mi edad, y temen que la red me tenga absorbido el seso. Dejo que papá me sirva la cena sin rechistar, aunque odio el pescado y Daniel casi no me ha dejado patatas. Ahora mismo tengo una preocupación más seria, y es el MegaTorneo.

Pero hay algo peor que comerse el pescado sin patatas: mañana entregan las notas de fin de curso.

Un suspenso en matemáticas significaría el desastre total, el Apocalipsis, el fin del mundo o, lo que es lo mismo: la prohibición de conectarme a MultiCosmos.

<El peor regalo del mundo>

La mañana ha empezado genial (modo irónico: *on*): papá ha insistido en acompañarme al instituto. Es «jefe de cabina» de una compañía aérea, que es el modo moderno de llamar al jefe de azafatos. Pasa muchos días fuera de casa, así que cuando está de descanso quiere recuperar el tiempo perdido con nosotros. Con él de guardaespaldas, tengo pocas oportunidades de «extraviar» el boletín de camino a casa si mis notas no me convencen... Estoy de los nervios. Él no; él está tan emocionado que dudo que imagine un suspenso.

—¿Por qué estás tan raro? —me pregunta mientras subimos la escalinata principal del Nelson Mandela, mi instituto.

—¿Raro yo? —Pongo mi mejor sonrisa—. ¿Por qué dices eso?

—Porque te has parado a mirar todos los árboles y perros desde que hemos salido de casa, incluso me has arrastrado hasta una óptica... y eso que tú no usas gafas. ¿Es que no han ido bien los exámenes?

Papá me radiografía con su mirada. Tengo que ponerme en marcha para no levantar sospechas.

—Seguro que sí —miento—. ¡Voy a sacar unas notazas!

—Bueno, si es así... —Me da unas palmaditas en la espalda, satisfecho. Juntos cruzamos el vestíbulo del insti—. Tendrás que pensar un premio por las notas.

Agotadas mis ideas de sabotaje, papá y yo subimos hasta el aula de primero de Secundaria, donde esperan otros compañeros de clase junto a sus familias para recibir el sobre con las notas de fin de curso. Los primeros en la cola son Rebecca y su padre; los dos están muy ocupados hablando por teléfono, cada uno con el suyo: ella habla de vacaciones y lociones, él de fusiones y absorciones; son tal para cual. Los segundos en la cola son Tebas y sus padres, envueltos en un silencio sepulcral que presagia el Pleno de Suspensos (el hecho de que hiciese un cambiazo en el examen final y entregase las respuestas de historia en vez de biología no ayudó, aunque se ha vuelto el alumno más popular del curso, una anécdota que se contará de generación en generación, una leyenda viva). Y luego está mi amiga Alex, acompañada por sus madres.

—¡Hola! ¿Qué tal? —me saluda con un abrazo. Hace tantos días desde la última vez que nos vimos que me había acostumbrado a su aspecto de elfa-enana de MultiCosmos. Así parece una chica de trece años de lo más normal—. ¿Preparado?

De todos los compañeros de clase que querría encontrarme en este momento, Alex ocupa el último lugar. Y no porque no sea mi amiga (de hecho, es la única que tengo), sino porque es la alumna más aplicada. No hay nada peor que un empollón para que tus padres te comparen.

—¿Ésta es Alex? —pregunta papá, encantado de conocer por fin a mi amiga. Seguro que se ha creído la trola de que es mi novia, Daniel la repite ochenta veces al día—. ¡Encantado!

Sara y Patricia, las madres de Alex, se emocionan al verme. Las dos me dan tantos besos que casi me deshidratan.

—Pero ¡qué mono eres! —Beso en la frente n.° 6.

—¡Alex no para de hablar de ti! —Catorce besos, más achuchón de koala, más beso n.° 16.

—¡Eres graciosísimo! —Doble beso en la mejilla, con tirón de orejas, más beso n.° 33. ¡¿A qué se refiere con «graciosísimo», si todavía no he abierto la boca?!

—¡Mamás, parad! —protesta Alex, pero está encantada de que me estén acribillando. Viéndolas juntas, no me explico cómo se ha buscado un amigo tan poco cariñoso.

—Teníamos muchas ganas de conocerte —me dice Sara, que tiene el pelo rubio y es un poco más bajita que Patricia—. Alex te va a echar mucho de menos en vacaciones; no pasa un día sin que te mencione media docena de veces.

—¡Mami! —protesta mi amiga, muerta de la vergüenza.

—Mi amigo por aquí, mi amigo por allá... —continúa Patricia entre suspiros—. Alex te tiene todo el día en la boca. ¿Qué vais a hacer dos meses separados?

—Tanto su madre como yo trabajamos en julio, así que tendrá que quedarse en casa —se excusa papá por estar tan ocupados. No sé qué les pasa a los adultos que sienten la necesidad de responder por los hijos, como si nosotros no supiésemos hablar—. Aunque en agosto, con un poco de suerte, iremos a la playa...

—¿Un mes en casa? —Sara se lleva las manos a la cabeza, pero enseguida se da cuenta de que ha sido una falta de consideración. En realidad estoy encantado: si apruebo todo, podré dedicarme a MultiCosmos en cuerpo y alma—. Alex está impaciente por empezar el campamento de verano. La han nombrado capitana scout en pruebas.

—¡Vaya, enhorabuena! —la felicita papá, que es un apasionado de todo lo relacionado con la naturaleza. Alex pone su cara de soy-la-mejor-y-lo-sé un segundo antes de que la fulmine con la mirada—. Yo he intentado enseñarle un poco de naturaleza al chico, pero el único ratón que conoce es el del ordenador.

Los tres adultos sueltan la típica carcajada de mayores que me pone de muy mal humor. No estoy dispuesto a quedar como un tonto delante de mi amiga y sus madres. Me pongo a la defensiva:

—¿Qué dices, papá? Puedo pasar del ordenador cuando quiera. ¡A mí me flipa la naturaleza, es lo que más me mola en el mundo! Me encantaría ir al campo para... para... —¡Omg, no tengo ni idea de qué se hace en ese sitio! Me he quedado en blanco. En MultiCosmos hay un montón de bosques, sólo tengo que recordar qué hago cuando visito uno—, para talar árboles.

Por el silencio que provoca mi comentario, sospecho que he metido la pata. No sé qué tiene de raro, parece que no sepan de dónde se extrae la madera.

—¡Es broma! —Los tres adultos y Alex ríen aliviados. ¡De la que me he librado! No quiero quedar de tonto urbanita delante de ellos—. Claro que me encanta el campo, con sus bestias salvajes, arroyos de agua congelada y oscuridad total.

Cierro el pico al ver que Rebecca y su padre salen del aula con el sobre de notas. Aunque no nos dicen ni hola, escucho claramente cómo él le dice al oído:

—¡Un suspenso en lengua! —masculla enfadado—. ¡Ya te puedes olvidar del spa en el crucero!

Es el turno de Tebas y sus padres, que salen del aula en menos de un minuto. Están tan callados como antes y arrastran a su hijo cada uno por un hombro. He visto marchas fúnebres con mejor humor.

—Alex está preocupadísima por las notas —añade Patricia con una sonrisa burlona. Desde aquí huelo su boletín repleto de sobresalientes—. ¿Y tú? ¿Vas a sacar muchos dieces?

Miro hacia los lados, por si acaso se dirige a alguien que acaba de aparecer y no me he dado cuenta. ¿Un diez, *yo*? Pero se refiere a mí y tengo que mantener el tipo.

—Ehhh... Sí, claro. ¡Me lo he currado mucho! —Sólo un imbécil soltaría un farol así unos minutos antes de recibir las notas—. Voy a sacar unas notazas.

—Entonces seguro que tus padres te premian —dice Sara, guiñándome un ojo. Pero yo ya no la veo a ella ni a los demás, sólo veo mi examen final de mates con un suspenso como una catedral. Aunque estoy muerto de miedo, sonrío a papá para mantener el tipo.

Alex y sus madres son las siguientes en entrar. Durante un rato interminable escuchamos los «oooh» y «halaaa» que llegan de dentro, lo que hace presagiar un éxito arrollador. Papá mira el reloj, impaciente, hasta que las tres salen a paso ligero.

—¡Sobresaliente en casi todo! —exclama Alex, que desconectó MultiCosmos durante un mes para concentrarse en los exámenes. Yo sólo aguanté así veinte minutos. Entonces baja la voz y me confiesa—: He sacado notable alto en dos asignaturas, pero voy a hacer un trabajo para subir la nota.

—Enhorabuena —le digo de mala gana. Las madres de Alex parecen relativamente satisfechas, pero sólo *relativamente*, como si esos notables altos no fuesen suficiente para su hijita. Mi plan era fingir que había habido un suspenso general en mates, pero tener a Alex de telonera de notas echa a perder mi estrategia. Ser amigo de una empollona tiene sus inconvenientes.

—¡Feliz verano! —exclama entusiasmada, dándome un abrazo sincero—. Mañana me marcho al campamento scout dos semanas y no tendré teléfono ni internet, así que ¡hasta la vuelta!

A Alex le da igual perderse el MegaTorneo con tal de pasar tiempo con los scouts. Por mi parte, las posibilidades de conectarme son cada vez más remotas. El castigo va a ser severo. Estoy distraído cuando escucho las dos palabras más temibles del momento, pronunciadas por una voz viejuna desde el interior del aula:

—El siguiente.

Papá y yo entramos. Dentro nos espera la profesora Menisco, que a pesar de ser finales de junio todavía viste su rebeca de lana y tiene una taza de té humeante al lado.

Supongo que es como su traje de malvada de película, no puede quitárselo. Me dedica una sonrisa siniestra nada más verme, mientras papá y yo caminamos hacia ella.

Hay una cosa sobre la Menisco que no sabe nadie, y que tampoco puedo mencionar delante de papá: mi profe de matemáticas y tutora, además de tener más años que Matusalén y unos sentidos hiperdesarrollados para pillar a los copiones, es también una de los Cosmics más famosos de los últimos tiempos. Su nick es Corazoncito16, aunque nadie la relacionaría jamás con el avatar de una motera pelirroja supercañona (ella dice que es su fiel retrato de joven, pero ya se sabe que todos somos más guapos en nuestro avatar que en la realidad). Menisco y yo somos rivales a muerte en MultiCosmos, pero hicimos un pacto para mantener las formas en el instituto. No me regalaría el aprobado ni aunque la sobornase con un millón de cosmonedas.

La profesora busca mi boletín entre un montón de sobres, y lo estudia de tal modo que ni papá ni yo podemos deducir nada.

—Vaya, vaya, vaya... Veo que sus esfuerzos no fueron para todas las asignaturas por igual —dice con un ojo clavado en el papel y otro en mi entrecejo—. Está claro que las matemáticas no son su fuerte. Menuda decepción me llevé con su examen, jovencito...

Papá se inquieta a mi lado y me aprieta el hombro con las uñas. Trago saliva al tiempo que mi cuerpo se hace más y más pequeño.

—Me esforcé un montón por aprobar —digo a modo de disculpa—. Yo no quería...

—Seguro que si fuese un examen de MultiCosmos se le daría mejor, ¿verdad? —pregunta desafiante. Papá se remueve nervioso, como si lo acusasen de criarme como a un salvaje—. Si en vez de despejar incógnitas tuviese que despejar los Mobs de un planeta, por ejemplo.

—Creo que se confunde, profesora Menisco. Estudié mucho para ese examen…, unas *dieciséis* horas al día, se lo digo con el *corazoncito* en la mano —agrego, refiriéndome indirectamente a su nick secreto.

Durante los siguientes cinco minutos, la anciana y yo mantenemos un duelo dialéctico lleno de indirectas de rivales. ¡Esto de ser enemigo virtual de tu profesora supone demasiada tensión! Estamos así, hablando en clave, hasta que papá se aclara la garganta y pregunta desesperado:

—Pero entonces ¿ha suspendido o no?

—Me temo que no —concluye Menisco, decepcionada. Saca mi examen del cajón con un 5 escrito con rotulador rojo. Casi se me cuelga el disco duro cerebral de la impresión. Parece que mi nota le duela más que la muela del juicio—. Aprobado raspado. ¡Si hubiese empezado a estudiar antes…!

Menisco comienza a soltarle a papá una chapa sobre lo decepcionante que es mi nota, su historial impoluto de tropedécadas de profesora y una explicación matemática sobre que el 5 está tan cerca del 10 como del 0, por lo que no tengo que sentirme satisfecho, pero yo he aprobado y eso es lo que cuenta. Antes de que terminen su conversación ya estoy bailando en medio del aula.

—Aprobadooo. A-PRO-BA-DO. A-P-R-O-B-A-D-O.

A medio baile, noto que papá y la profesora Menisco me están contemplando boquiabiertos. Soy un incomprendido.

—Ya se pueden ir. Feliz verano, jovencito... y no se queme las pestañas con ese dichoso MultiCosmos. —Claro, lo dice porque quiere ganar más Puntos de Experiencia que yo.

La vuelta a casa la hago levitando. ¡He aprobado matemáticas! ¡¡¡Voy a poder dedicar las vacaciones a MultiCosmos!!!

—Sé que al principio las cosas no son fáciles en el instituto —reconoce papá—, pero has mejorado mucho y me siento muy orgulloso de ti. Me parece que te has ganado una sorpresa... Algo que te va a hacer mucha ilusión —añade con aire misterioso.

Por más que insisto, no consigo que suelte prenda. Éste es mi último día de descanso antes de comenzar mi entrenamiento integral para el MegaTorneo. Mañana papá tendrá que volver a volar y mamá empezará el horario intensivo de vacaciones. Ni siquiera tendré que pelear por el ordenador con Daniel, ya que estará todo el mes en la casa de la playa de un amigo.

Ahora que el horizonte está despejado de la amenaza de castigos, podré pasar todas las horas que quiera delante del ordenador sin que nadie me lo prohíba. Nada puede salir mal.

Estoy en una especie de circo romano abarrotado de público. Los Cosmics de las gradas me aplauden y lanzan péta-
los de rosa. Acabo de derrotar al Cíclope de las Cincuenta
Arrobas, el Mob más peligroso del planeta Onir, y los cinco
Masters han bajado hasta la arena para felicitarme. Soy el
avatar más feliz sobre la faz de la red. Nadie se detiene ante
mí...

—¡Venga, despierta!

Mmmfff... Un poquito más... Estoy muy a gustito en la
cama.

—¡Levanta, perezoso! —insiste una voz a ocho gigapíxeles de distancia. Los cinco Masters se desvanecen uno a
uno. El escenario desaparece a mi alrededor—. ¡Vas a llegar
tarde!

Una mano me zarandea en la cama. Cuando por fin consigo abrir un ojo, me encuentro con papá y mamá de pie
junto a la cama. Estaba soñando.

—*Gmffffffff...* ¿Qué hora es?

—¡Las seis de la mañana! —exclama mamá, emocionada—. ¡Vas a llegar tarde!

Hago un esfuerzo enorme para recostarme sobre la
cama y sacar los pies fuera. Mis padres deben de estar
controlados por un satélite o no me explico lo que pasa.

—Estoy de vacaciones, ¡puedo dormir hasta tarde! ¿Es
que los Derechos Humanos no dicen nada de eso?

Papá se sienta en la cama. Los dos están tan entusias-
mados que empiezo a sospechar que algo va mal.

—Sabemos lo mucho que te has esforzado este curso...

—Uf, muchísimo—exagero. Todavía no sé cómo conseguí aprobar.

—Y queremos recompensarte con un regalo por tus notas —continúa mamá—. ¡Lo que más te gusta del mundo!

La última vez que mamá y papá me hicieron un regalo fue uno de esos relojes supuestamente inteligentes que dan con los cupones del periódico. Digo «supuestamente» porque el mío sólo funciona si tiene wifi cerca. El resto del tiempo es una patata, pero una patata que hay que cargar cada dos por tres. Además, la pantalla es tan pequeña que casi necesitas una lupa para leer las notificaciones. Por eso tiemblo cada vez que se proponen sorprenderme.

—Después de que ayer dijeses lo mucho que te gusta la naturaleza, tu madre y yo hemos estado hablando del tema. —Los dos se cruzan una mirada de enamorados—. Ya sabes que no podemos tomarnos vacaciones hasta el mes que viene...

—Sí, es horrible, un mes encerrado en casa —digo con fastidio fingido. Horas y horas en MultiCosmos, no me hace falta más—. Me conformaré viendo vídeos de ballenas en YouTube.

—Y es injusto que te quedes en casa todo el mes de julio por nuestra culpa, así que anoche llamamos a las madres de Alex...

—... hicimos unas gestiones rápidas...

—Y ¡SORPRESA! ¡Te hemos inscrito en el campamento scout!

El corazón se me cuelga como una página a medio cargar y me quedo sin respiración. Bajo de un salto de la cama.

—¿CÓMO? ¡Eso es imposible! —digo nervioso—. El campamento empieza hoy, ¡y dura dos semanas!

—Te he preparado la mochila mientras dormías —dice mamá, señalando una bolsa enorme en una esquina de la habitación. Por la cara de felicidad de los dos, no sospechan el lío en que me han metido—. ¡Queríamos que fuese una sorpresa!

—No, si como sorpresa es insuperable... —digo cuidadosamente para no dañar sus sentimientos. Papá y mamá me quieren mucho, y no es plan de arruinarles la ilusión. Tengo que salir de ésta por mis propios medios, pero como se me ocurra mencionar el MegaTorneo estoy perdido: nada les gusta menos que verme horas delante del ordenador—. Seguro que el campamento mola un montón, pero... ¿quién se quedará a cuidar del abuelo si estáis todos fuera?

—El abuelo se cuida muy bien solo. —Mamá es rápida—. Le escribo veinte mensajes al día para saber si está bien.

Eso no es estrictamente cierto, pero ella no lo puede saber. El abuelo y yo tenemos un pacto por el cual me presta el Yayomóvil a cambio de que me haga pasar por él y responda a los wasaps de mamá diciendo Ok a todo. Así yo tengo MultiCosmos en el bolsillo y él no se siente tan controlado. Si mamá se entera un día, se pondrá peor que un Mob enfurecido.

—¿Y la alergia? No puedo ir a la naturaleza, es peligrosí-simo.

—No tienes alergia a nada —dice papá— y estás va-cunado de todo. En la mochila tienes lo que necesitas. ¡Ya verás lo bien que lo pasas! Te vendrá genial salir unas se-manas de la ciudad y respirar aire puro.

—Pero ya estoy acostumbrado al aire contaminado —re-plico en un último recurso lastimero—. Puede que mis pul-mones exploten en contacto con el oxígeno natural.

—¡Lo vas a pasar fenomenal! —insiste mamá, ajena a mis excusas—. Y ahora vamos a darnos prisa, en una hora sale el autobús. ¡Qué emoción! ¡Tu primer campamento!

Genial. Ahora sí que la he pifiado.

Veinte minutos después, mamá ha arrancado el coche y salimos en dirección al centro de la ciudad, donde nos es-pera el autobús del campamento. Todavía estoy en estado de shock, y lo peor de todo es que he contado tantas men-tiras en casa respecto a MultiCosmos que no me queda más remedio que fingir que estoy encantado con la idea del campamento; papá y mamá están superilusionados con la idea de lanzarme a la salvaje naturaleza, como si no fuesen conscientes de la multitud de peligros que hay allá fuera. En el mundo real no tengo ninguna espada binaria para de-fenderme de los bichos.

Llegamos tan tarde que el autobús ya ha puesto en mar-cha el motor y los chicos están en sus asientos. Un monitor cuarentón me da la bienvenida con una mano levantada con los tres dedos del medio en alto, vestido con un ridículo uniforme de scout: camisa de color caqui, pantalón corto y calcetines hasta las rodillas.

—¡Hola! Tú debes de ser el inscrito de última hora. ¡Bienvenido! Yo soy Sebas, el Jefe de Tropa.

—¿Tropa? —Qué friki. Sebas hace un amago de explicar-

Busca y encuentra tres cos

me el decálogo scout, pero lo freno en seco antes de que me derrita el cerebro—. ¿Cuál es el wifi del autobús?

—Jajaja. —Ríe, pero ni se molesta en responder—. En el campamento no tendrás que preocuparte por esas cosas. Vamos, queda un asiento libre para ti en la tercera fila.

Busco a Alex desesperadamente desde el pasillo. Me gustaría sentarme con ella, pero está al final y parece estar

comiencen por la letra «Z»:

pasándolo muy bien con sus amigos. Qué extraño; en el instituto nadie le hace ni caso, y sin embargo aquí parece la tía más enrollada del grupo. Le hago un saludo desde mi sitio, pero el conductor me obliga a tomar asiento.

Mi compañero de autocar es un chico tan gordo que ocupa la mitad de mi espacio y me aplasta contra el cristal. También lleva el uniforme scout con una pañoleta de rayas moradas y amarillas. A los pocos minutos de arrancar, saca una bolsita de M&M's Crispy del bolsillo y empieza a comérselos uno a uno. Me está dando envidia cochina, ésa es mi chocolatina favorita.

—¿Me das, tío?

—Claro.

El chico saca un M&M derretido que se funde con las babas de sus dedos. Tengo que pegarme al cristal para huir de sus fluidos.

—Eeeh... Creo que mejor espero a comer en el campamento.

Con todo, la paz no dura eternamente, porque estamos en un autobús. Las canciones y juegos no tardan en llegar, para tortura de mis oídos.

La mañana avanza mientras el autocar abandona la ciudad y se sumerge en las carreteras dirección al interior. Estoy tan cansado del madrugón, y mi compañero de asiento es tan agradablemente calentito, que no tardo en caer dormido. Ya encenderé el Yayomóvil cuando llegue...

Horas después, el chico gordo me despierta o, mejor dicho, me despierta el efecto ventosa al despegarme de su brazo; con el sudor nos habíamos quedado pegados.

—¿Ya hemos llegado? —pregunto abobado.

Cuando el chico se levanta, reparo en que se ha dejado una bolita de chocolate en el asiento, pero al ir a cogerla, la bolita rueda sobre la tapicería y cae al suelo. Estoy tan desesperado por llevarme algo al estómago que mi mano cae en picado sobre el M&M, pero de pronto una zapatilla de montaña lo aplasta de un pisotón.

¡Qué susto! Mis ojos recorren las piernas atléticas y peludas del extraño, pasan por su uniforme scout, la pañoleta, un silbato dorado y llegan hasta la cara de un tipo de unos quince años que me mira con expresión de superioridad. Sus cejas oscuras contrastan con su pelo dorado y tupé antigravitatorio.

—Tú tienes que ser el nuevo. —Le extiendo la mano, pero el tío mantiene los brazos en jarra sin intención de estrecharme nada—. Vas a tener que aprender a manejarte rápido si no quieres ser el primero en conocer... la Rueda.

—¿La Rueda? —pregunto sin comprender. Pero el chico no tiene tiempo para preguntas y me chilla a la cara:

—¡¡¡Baja, novato!!! ¡No tenemos todo el día!

Me pongo en marcha antes de que a este tío se le ocurra lanzarme por las puertas del autocar como a un saco de patatas. Abajo ya están casi todos los scouts, la mayoría con el uniforme y la pañoleta de la tropa. Una chica delgada con un metro de trenza a la espalda viene corriendo hacia mí.

—¡Es increíble, animalito! ¡Has venido! —Alex me da un fuerte abrazo digno de la elfa-enana de su avatar—. ¿Cómo es que te has animado? ¡No me lo puedo creer!

—Yo tampoco; pregúntaselo a mis padres. Y a tus madres —le digo en voz baja, para no ofender al medio centenar de scouts que nos rodean por los cuatro costados—. Tienes que ayudarme a escapar de aquí. Sabes lo mucho que me odian los animales. ¡La naturaleza me tiene manía!

—Bah, tonterías —se burla mi amiga para quitarle importancia—. Ya verás lo bien que lo vamos a pasar. ¡Es genial que pasemos las vacaciones juntos!

Podría ser peor: no conocer a nadie del campamento. Alex no sólo es mi amiga, sino que también parece bastante popular entre los scouts. Además, no puede ser tan difícil: yo me hice con el Tridente de Diamante, el trofeo más flipante del universo; lo máximo que han conseguido estos scouts son insignias del tipo «Ayudé a cruzar a quince viejecitas en una tarde» o «Mejor limonada de la calle». Este campamento es pan comido para mí. Pero cuando le voy a preguntar cuál es la contraseña del wifi, el tipo del tupé y las piernas peludas se acerca sin avisar. De pronto se hace un hueco a nuestro alrededor, como si el resto de los scouts lo evitasen.

—Scout Alex, ¡agrupa a los recién llegados!

—Sí, señor. —Mi amiga se olvida completamente de mí y corre a organizar los grupos. Yo me quedo solo con él, y cruzo los dedos por que su humor haya mejorado en los últimos minutos.

—El Jefe de Tropa me ha chivado que te gustan mucho los ordenadores... —Por la sonrisa sádica que le ha salido, dudo que quiera charlar sobre MultiCosmos conmigo—. Aquí no te va a hacer falta nada de eso. ¡Ven conmigo, novato!

Intimidado por sus formas, lo acompaño hasta una esquina del aparcamiento del bosque, donde un grupo de tres chicos morenos de pelo rizado aguarda con actitud inquieta.

El mayor es un poco más alto que yo y delgado como un palillo; el mediano tiene la forma exacta de un armario de baño; el tercero, que no tendrá más de ocho años, es un renacuajo con los ojos saltones. A pesar de todo, los tres se parecen como gotas de agua. Visten camisetas y pantalones normales en vez del uniforme de los scouts, y tienen la misma expresión que yo: cara de no entender nada.

—Por fin os tengo a los cuatro... —dice el monitor, una vez nos junta como al ganado, y se pone a dar vueltas a nuestro alrededor—. Yo soy Jota, el Subjefe de Tropa, la segunda autoridad en este campamento. ¿Os habéis enterado? —Ninguno responde. Jota salta a un metro de mi cara y grita—: ¡¿Os habéis enterado?!

—Ehhh... Sí.

—*Sí, señor* —corrige Jota, lanzándome su saliva a la cara. Qué asco—. Ya sabéis por qué estáis aquí, marginados. Sois unos adictos a los videojuegos y no podéis vivir ni un día sin estar conectados. Este campamento es el último recurso de vuestros padres para curaros.

Los tres hermanos se revuelven inquietos, pero yo no estoy de acuerdo y tengo que intervenir:

—No es mi caso; a mí me han enviado aquí como premio por aprobarlo todo.

—¿Premio? ¡Ja! —La risa maléfica de Jota me pone los pelos de punta. La verdad es que a mí también me cuesta llamar «premio» a esto, aunque apuesto que la intención de mamá y papá era buena. Pero son unos bocazas, y seguro que mencionaron en algún momento que paso mucho tiempo delante del ordenador—. Yo me encargaré personalmente de que, cuando salgáis de aquí, sepáis valorar la naturaleza y no queráis volver a ver una pantalla en vuestra vida. Y ahora, ¡poneos en marcha, novatos! —Se lleva el silbato dorado a los labios y pita hasta que me sangran los oídos.

Las cuatro víctimas lo seguimos muertos de miedo hasta la entrada. Una enorme secuoya, la especie de árbol más alto del mundo, nos espera en el acceso. El tronco es tan grueso que parece la boca de un túnel. El autobús y el resto de los vehículos se quedan aquí, fuera del parque natural. Una valla infinita marca los límites a los lados, y unas letras talladas sobre la abertura nos dan la...

BIENVENIDA

Seguro que ni la mismísima entrada al Infierno da tanto yuyu. La cruzo rogando a los cielos que esto termine cuanto antes.

Por desgracia, todavía nos quedan dos kilómetros de sendero cuesta arriba hasta la base del campamento. Los scouts nos han adelantado y sólo quedamos atrás Jota, mis tres compañeros de desgracia y yo. El monitor no para de meternos prisa:

—¡Rápido, no tenemos todo el día!

Las mochilas pesan tanto que tardamos más de hora y media en superar el ascenso. Jota va libre de peso, y aun así se atreve a darnos lecciones de esfuerzo. Cuánto desearía que tuviese que cargar él con la mitad de peso que nosotros, a ver si seguía igual de gallito.

Por fin llegamos al final del camino. Los árboles son tan increíbles que casi me caigo de culo buscando la punta de las copas. ¡Miden más de cien metros de altura! Tendrías que chutar superfuerte para encalar una pelota allá arriba.

Además de las secuoyas, en el centro hay un claro donde destacan un par de tiendas de campaña gigantes y un montón de mesas para comer. Junto a una de las tiendas hay una especie de molino de agua, sólo que no hay agua por ningún sitio. Trato de averiguar su función cuando Jota se acerca y me pasa el brazo por encima del hombro, la señal de una camaradería que no tenemos en absoluto. Este chico me pone los pelos de punta.

—Veo que la Rueda y tú ya os habéis presentado... —me dice con voz meliflua—. Y dentro de nada estaréis intimando.

No tengo tiempo para averiguar qué quiere decir, porque Jota nos obliga a abrir las mochilas delante de él.

—¿Qué pasa?

—Saca todo lo que tienes dentro.

—¿Por qué? ¿Te gusta robar calcetines?

—Los graciosillos lo pasan muy mal en el campamento, novato —me amenaza el monitor—. El respeto es uno de los principios scout, y parece que tú vas a tener que aprenderlo a la fuerza.

Los scouts también aman la naturaleza, pero es más fácil querer a una tarántula venenosa que a este tarado. Como ninguno de nosotros toma la iniciativa, él se pone a abrir las mochilas una a una.

—Vaya, vaya, vaya... ¿Qué tenemos aquí? —Después de abrir los equipajes de los tres hermanos, de tirar sus pertenencias por el suelo sin ningún cuidado y de confiscar tres móviles, dos iPads y un ordenador portátil, Jota ha llegado a mi bolsa. El corazón me late a mil por hora. El chico se relame los labios al encontrar un móvil del tamaño de un ladrillo al fondo de mi mochila, y se lo lleva directamente al bolsillo de su camisa de uniforme caqui—. Creíste que me podías engañar.

—¡No tienes derecho a quitármelo! ¡Es mi móvil!

—Oh, claro que lo tengo, soy el responsable de monitores. Puedo obligarte a dormir en la copa de una secuoya si quiero.

Estoy acostumbrado a los abusos de algunos Moderadores de MultiCosmos, el cuerpo de policía virtual, pero es la primera vez que sufro el abuso de poder en mis carnes. Si esto fuese MultiCosmos, tendría mi espada binaria conmigo, pero por desgracia esto es la vida real, y él es mayor y mucho más fuerte que yo, así que lo único que puedo hacer es respirar hondo y concentrarme intensamente; concentrarme para ver si le cae una rama en la cabeza y tiene que pasar el resto del campamento en la enfermería. Pero la telequinesia no funciona y tengo que ver cómo Jota se marcha a la tienda principal cargado con el botín electrónico. Los hermanos se han quedado petrificados de miedo, así que me toca romper el hielo:

—Ahora mismo se lo cuento a mi amiga Alex y me saca de aquí. Es una pez gorda en este campamento. Quiero decir... una pez gordo. Vaya, que maneja.

—Mucha suerte —dice el mediano—. Avísame si encuentras la salida de esta cárcel.

—Yo con un ordenador con conexión me conformo —añade rápidamente el pequeño—. Hace dos meses que no pruebo internet.

—Mis padres también me lo quitaron —responde el mayor—, pero conseguí hackear el wifi del vecino.

—Esperad, ¿no sois hermanos? —les pregunto de pronto. Los tres me miran primero y se intercambian miradas entre sí después, sorprendidos con mi pregunta. Niegan con la cabeza a la vez, con el gesto idéntico.

En un momento me ponen al día de su situación: se han conocido en el autocar, pero su parecido no es sólo físico. Los tres son adictos al ordenador; tanto, que sus padres (los de cada uno por separado) se han puesto de acuerdo para inscribirlos en el mismo programa de verano, algo como Plan de Choque Radical para Niños y Adolescentes Enganchadísimos a las Nuevas Tecnologías. Ya sólo el nombre les provoca muecas de terror. El mayor, que se llama Sam, saca un folleto del bolsillo de la mochila y me lo enseña con aire de gravedad.

—Ha habido una confusión, yo no soy un viciado. —Los Tres Viciados se intercambian sonrisas burlonas, como si estuviesen hartos de escuchar la misma cantinela—. ¡En serio! Se supone que mis padres querían darme una sorpresa por las notas, no que quisiesen castigarme.

—Pues sí que han acertado con el regalo, macho —comenta el mediano, que se llama Lucas.

Sam viene a mi lado y me da un cachete en el hombro. Funciona: me siento un pelín menos incomprendido.

—No sé por qué me obligan a venir a un campamento —digo, soltando un suspiro tan intenso que podría mecer las secuoyas—. Ya he superado el planeta Scout media docena de veces, y sin necesidad de salir de mi habitación.

—¿Te gusta MultiCosmos? —pregunta entusiasmado el pequeño Tobías—. ¡El planeta Scout es un fliple total! Mi récord son 1.020 PExp en la última pantalla.

—1.020 PExp no es nada —interrumpe el mediano—. Yo maté al Mob de la fase final con el doble ¡y la barra vital completa!

Los tres se ponen a discutir para descubrir quién es el más Cosmic del grupo. Resultan muy graciosos, pero me aclaro la voz. Voy a dar una lección a estos pardillos revelando mi identidad. Se van a quedar a píxeles.

—¿A que no sabéis quién conoce al Usuario Número Uno? —les digo con una sonrisita incontenible. Ya puedo imaginar sus reacciones. Me van a idolatrar.

Pero a los tres se les pone una cara muy rara. El mediano suelta una carcajada.

—¿El Destrozaplanetas? ¡Claro que sé quién es, macho! Un flipado total.

—Todo el mundo sabe que el mérito fue de Amaz∞na, ella es la que mola —remata el mayor.

Los tres se echan a reír. Ahora compiten en hacer bromas sobre mí (bueno, sobre mi avatar). Me gustaba más cuando sólo competían por ser el mejor Cosmic; esto me pasa por bocazas.

—¡Él no habría durado ni medio minuto en la Batalla del Avatar Tuerto!

—¿Tú también estuviste allí? ¡Qué flipe! ¡Fue épico!

—¡Y yo! —añade el pequeño—. ¡Ayudé a Sidik4 a derribar a los enemigos! ¡Fue la partida más flipante de MultiCosmos!

Yo también participé en la Batalla del Avatar Tuerto, aunque mi papel fue más bien discreto. Después de escuchar sus chistes crueles, se me han quitado las ganas de contarles más. En este campamento están todos locos, incluso los Cosmics.

Si quieres revivir la Batalla del Avatar Tuerto, ve a la página 64.

Si prefieres quedarte en la cabaña, ve a la página 65.

<Patrulla Chorlito>

Yo que pensaba que era un experto en MultiCosmos, y durante los siguientes sesenta minutos tengo que escuchar al trío frikeando sobre cualquier detalle del universo. Creía que las normas de privacidad eran el asunto más plomo del mundo virtual, pero eso es porque todavía no había oído hablar sobre la inflación de la cosmoneda. MORTAL.

Nunca imaginé que diría esto: por primera vez en mis doce años de existencia humana (no virtual), encuentro tres personas más viciadas a MultiCosmos que yo. Hablan con tanto fanatismo que sólo les falta soltar espumarajos y lanzar rayos como un pokémon. Cuando comento con Alex una nueva actualización o la visita a un planeta, todo suena divertido y emocionante. Ahora que lo veo desde fuera, de boca de los Tres Viciados o el TriViciato, da hasta miedito.

Sorprendentemente, el silbato de Jota suena a liberación. Una voz nos invita a ir al centro del campamento a comer y, de paso, a concluir la conversación de frikeras. O eso pensaba yo, porque mientras bajamos la ladera hasta el claro del bosque donde están las tiendas principales, el comedor y esa extraña rueda, siguen compitiendo sobre quién conoce más comandos. Busco a Alex desesperado.

—¡Vas a flipar! —le digo a mi amiga, separándola de sus amigos—. Ese Jota está pirado, tarumba, loco, demente, chalado. ¡Es un sádico!

—¿Jota? —A mi amiga se le tuerce el gesto—. Es el mejor monitor del campamento.

—Debes de estar hablando de otro Jota —replico a la defensiva. Sujeto sus mejillas entre mis manos y enfoco su cara al Jota que yo conozco, el quinceañero psicópata—. ¡Ése! Se ha propuesto convertir nuestra estancia en un infierno.

—Jota es el scout con más insignias del campamento, y el año pasado vendió más galletas que nadie. —Eh, esto es nuevo: Alex tiene un brillo extraño en los ojos—. ¡No te metas con él!

La voz del monitor en mi nuca consigue darme un susto mortal. Por suerte, no lo tengo encima, sino que habla a través de un megáfono.

—Bienvenidos al campamento. —Jota hace el saludo de los tres dedos en alto, y los cincuenta scouts le responden del mismo modo. Los únicos que no lo hacemos somos el TriViciato y yo, que seguimos la escena con el ceño fruncido—. Durante las próximas dos semanas vamos a disfrutar de actividades en plena naturaleza, en medio de este parque protegido de secuoyas. Para los que venís por primera vez, os recomendamos no usar las madrigueras como retrete. No seréis los primeros a los que una víbora muerde donde más duele.

El chiste hace mucha gracia a los scouts, pero yo no se la veo. Porque habrá baño, ¿no? ¡¿A qué tipo de trinchera me han mandado los inconscientes de mis padres?!

Durante diez minutos eternos, Jota habla de un riguroso

entrenamiento de dos semanas con el objetivo de prepararnos para la vida salvaje, y que culminará con una yincana definitiva (no sé por qué los scouts chillan para celebrarlo, a mí me suena a pena de muerte). Jota continúa con la distribución de los equipos. A nadie le sorprende cuando el «azar» nos pone al TriViciato y a mí en el mismo. Está claro que Jota nos tiene manía.

—¡Se llama «patrulla», novato! —me corrige de un grito. Casi veo su campanilla.

Mientras que las otras patrullas tienen nombres de animales, como los Linces Ibéricos, las Águilas Imperiales o los Tigres Siberianos, Jota decide que nosotros seamos los… Chorlitos.

—Está de coña —protesta el mayor de los tres—. Ni siquiera es un nombre de animal.

—Por supuesto que lo es: ¡el chorlito es un pájaro muy simpático! Y, además, está en extinción y quedan muy poquitos; son muy especiales —nos corrige Alex, que parece encantada con la elección—. ¡Qué suerte tenéis!

Suerte si lo comparamos con las Sanguijuelas Hambrientas o los Cerdos Vietnamitas, supongo.

Pero todavía falta la elección del capitán de la patrulla, y el nuestro es…

—¡Soy yo! —grita Alex al escuchar su nombre. Está tan histérica como si se hubiese bebido tres Coca-Colas de un trago—. ¡Es la primera vez que soy capitana! Tengo que hacerlo bien para pasar la prueba.

—Enhorabuena —le digo sin emoción—. Ahora sólo tienes que dejarnos hacer lo que queramos.

Alex abre los ojos, ofendida.

—¡De eso nada, animalito! Jota confía en mí. —Los ojos se le iluminan al mencionarlo—. Ser capitana es una responsabilidad muy seria. Vamos a luchar para ganar.

Tengo que hacer un esfuerzo para no echarme a reír.

—¿Ganar? ¿Nosotros? —Señalo a los Tres Viciados, que en ese momento juegan a hacer pompas con saliva. Son la viva imagen del declive humano—. Ni queremos, ni podemos. Lo único que deseamos es escapar de aquí.

—Pues no va a poder ser como tú quieres. Han depositado su confianza en mí y no puedo decepcionarlos.

—Querrás decir que tu ídolo ha depositado su confianza en ti —digo por lo bajini, y Alex me fulmina con la mirada. Mejor me muerdo la lengua; está más ciega que un topo en medio de un apagón.

Esto no puede ir a peor.

Los monitores organizan en pocos minutos la primera actividad del día, una equivalente al parvulitos de un scout: montar una tienda de campaña. Cuando Alex, nuestra capitana, trae una simple lona, los Tres Viciados y yo le preguntamos dónde está el resto.

—El resto tenéis que buscarlo vosotros. Estamos en un bosque. ¡Cualquier cosa sirve!

Pero mientras las otras patrullas desaparecen entre las secuoyas y vuelven con un montón de ramas y piedras, el único palo que conseguimos nosotros lo robamos de la tienda de provisiones.

—Esto no vale —dice Alex al ver el mango de la escoba—. ¡Tiene que ser una rama!

Al final se da por vencida y sale ella en su búsqueda. Para cuando vuelve, las otras patrullas ya han montado sus tiendas de campaña. El TriViciato y yo hemos aprovechado para tumbarnos un rato al sol. Volvemos a ser los últimos.

—No os preocupéis —nos anima Alex, que jamás se da por vencida—. Es normal que al principio os cueste más, es la primera vez que venís al bosque. Pero ¡tranquilos! En la siguiente lo haremos mejor.

La llegada de la cena nos parece una tregua en la tortura. Uno esperaría que el «festín de inauguración» incluyese hamburguesas y refrescos, pero aquí sólo les gusta la ensalada de verdura, verdura con salteado de verdura y más verdura de guarnición. Vale que les mole la naturaleza, pero... ¿también tenemos que comérnosla? No sé si me pongo verde del asco o de la mimetización. ¡¿Qué problema tienen con las grasas saturadas?!

En mitad de los postres, el Jefe de Tropa pide la palabra y todas las mesas se callan (menos la nuestra, que no cierra el pico hasta que Alex nos echa una de sus miradas asesinas). El scout mayor se levanta de la mesa principal que comparte con Jota y otros monitores y nos da la bienvenida al bosque de secuoyas. Nos asegura que serán las dos semanas más inolvidables de nuestras vidas (como no me conecte a MultiCosmos pronto, seguro que será verdad) y nos invita a los nuevos a disfrutar de la experiencia. Por lo menos no escupe cuando habla, como Jota. Compruebo la hora en mi reloj casi-inteligente y suspiro al acordarme de mi holopulsera: faltan diez minutos para que comience el primer reto del MegaTorneo y todavía estoy aquí atrapado.

—Tengo que ir al baño —le digo a Alex.

—¿No puedes esperar a que termine de hablar el Jefe de Tropa?

—Será jefe de tropa, pero no de *tripa*, y la mía se está manifestando ahora mismo. ¿O es que no me puede dar un apretón en medio de la cena?

Alex capta la urgencia de mis palabras y me indica la dirección del retrete. También me da una pala pequeña y un rollo de papel higiénico. Qué bien, por lo que veo, va a ser un retrete hazlo-tú-mismo.

Después de alejarme un buen trecho del campamento, guiado por la luz de la luna que se filtra como puede entre las copas de las secuoyas, compruebo que no hay scouts a la vista y me bajo los pantalones. No es que me hayan entrado ganas de vaciar el intestino, sino que he traído el Yayo-móvil escondido en el pantalón.

Hay que ser tonto para no imaginar que nos confiscarían el móvil al llegar al campamento. Como ya contaba con eso, traje un móvil abandonado de papá, una basura tecnológica, para usarlo como señuelo, mientras que el auténtico lo tenía escondido en mi ropa interior. Jota se lo ha tragado. ¡Ja! Sólo un analfabeto digital podría creer que ese ladrillo sigue funcionando.

Desde mi escondite entre dos arbustos, y con cuidado de no llamar la atención, enciendo el móvil del abuelo.

Desbloquea la pantalla del móvil

¿Qué serie de números saldría si un dedo dibuja ese trazo sobre el teclado?

1			7					

El aparato tarda una eternidad en buscar red, pero al fin se conecta. Abro la app de MultiCosmos e inicio sesión, aunque necesita varios minutos para entrar dentro. La conexión es mínima. ¿A qué loco se le ocurre plantar un bosque en un agujero sin cobertura?

Agito el móvil en el aire, el truco infalible para mejorar la conexión. La pantalla de un móvil no es lo mejor para competir en MultiCosmos, pero no tengo alternativa. Suena el tin, tin, tin que confirma el inicio de sesión y sonrío: estoy dentro.

Planeta Beta_ok_definit_finalOKahorasí
Galaxia Lab
Modo: Constructor
Cosmics conectados: 100007

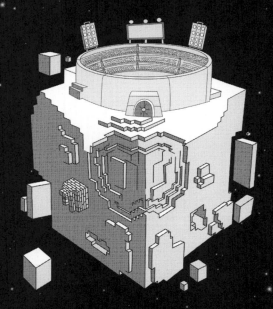

‹Rivales ectoplásticos›

Un mensaje me invita a viajar directo al recinto del estadio, en el planeta Beta2. Seguro que me están esperando como a los turrones en Navidad. Pulso «Aceptar» y me traslado a la velocidad del satélite.

Aparezco en una pasarela. A un lado y otro se concentran decenas de Cosmics gritando mi nombre. ¡Esto no está nada mal! Saludo tímidamente mientras una horda de miniMobs vienen hasta mí para aplicarme unos filtros de maquillaje que me dejan más fino que una foto de Instagram.

Una Cosmic vestida con una impresora en la cabeza me recibe en nombre de la organización. La prima rara de Lady Gaga me dirige hasta una sala contigua, donde ya no escucho los vítores de los fans y sólo hay una plataforma circular morada bajo mis pies. El único mueble es una pantalla flotante gigante justo delante de mí. Estoy preguntándome qué tengo que hacer cuando ésta se enciende y aparece en primer plano el careto de Celsius, el Administrador Supremo, con la corona de llamas ardiendo como un incendio.

—¡¿Dónde te habías metido?!

—Buenas noches a ti también —lo saludo. El abuelo siempre me dice que tengo que ser educado.

—¡Llevamos todo el día intentando contactar contigo! El torneo está a punto de comenzar y no nos ha quedado más remedio que trastear el código de programación de la red para traerte hasta aquí. —Por los pelos, pienso para mí. Cruzo los dedos para que el Yayomóvil no pierda la conexión.

—Vale, tío. He tenido algún problemilla —le digo sin más explicaciones. Fliparía si supiese que sólo tengo doce años y me encuentro atrapado en un campamento scout. Tengo que echarle un poco de actitud—. Estoy listo para empezar. ¿En qué consiste el reto? ¿Alguna pistilla?

—¡Eso era hace un rato, ahora no hay tiempo! —protesta Celsius en medio de una combustión—. Suerte en la prueba... ¡Comienza la retransmisión!

La imagen de Celsius es sustituida por una cuenta atrás desde 10. ¿Es que siempre tienen que meterme prisa? Compruebo que tengo la barra vital a tope de ♥♥♥♥♥.

8 segundos...

El inventario está lleno de pociones reparadoras y muslitos de pollo.

3 segundos...

Compruebo si hay algún mapa del estadio disponible en WikiCosmos, pero nanay. Quieren que sea sorpresa.

1 segundo...

Desenvaino la espada binaria, respiro fuerte (mi avatar y yo a la vez) y clavo la mirada al frente, a la espera de que se abra delante de mí la compuerta al estadio. Error.

La compuerta se abre a mis pies.

Caigo a un tobogán larguísimo iluminado con luces de colores. Mi avatar avanza tan rápido que casi me mareo, y toma más velocidad a cada segundo que pasa. ¡Que alguien me pare! En uno de los *loopings* del tubo, la espada binaria se me escapa de la mano y queda atrás. ¡Repíxeles, la necesito para luchar! No consigo frenar por más que me agarro a las paredes, y finalmente caigo de culo (para variar) encima de un montón de tierra blanda. ¡Ay!

Tardo unos segundos en observar la magnitud del escenario, pero es que la pantalla del Yayomóvil no es precisamente grande. He llegado a la arena del estadio, de una superficie de un megapíxel cuadrado aproximadamente. Tiene forma de circo romano, y unas gradas altas como rascacielos nos rodean por todo el perímetro. Tengo que fijarme bien para comprender que son los asientos desde donde vitorean cien mil Cosmics, venidos hasta Beta2 sólo para ver el espectáculo. Los espectadores de la retransmisión online son muchísimos más, con señal hasta en el Vaticano. Ni siquiera la Copa Intercontinental que se juega este mes genera tanto interés. De pronto escucho que las gradas gritan mi nombre. ¡Mola, me siento importante! Entonces oigo como vitorean «¡DESTROZAPLANETAS!», el apodo horrible que me pusieron en la competición del Tridente de Diamante, y ya no me gusta tanto esta atención. Nota mental: tengo que buscarme un relaciones públicas que les haga olvidar ese chistecillo.

Pero, primero, el MegaTorneo. Con un rápido vistazo al estadio descubro que hay siete tubos como el mío que caen sobre la arena. Deben de ser las compuertas de los otros Cosmics participantes, mis rivales. Estoy pensando en un plan para enfrentarme a ellos cuando cae un objeto pesado sobre mi cabeza y me hace perder un ♥ de vida. ¡OMG! Ha sido la espada binaria, que llega con retraso. La cojo del suelo feliz por recuperarla, pero me recibe con un calambrazo. Menudo trasto.

Una voz suena por megafonía. Juraría que es el mismo Celsius, haciendo de maestro de ceremonias.

¡ARRANCA EL MEGATORNEO, LA COMPETICIÓN MÁS ARRIESGADA, EMOCIONANTE Y MORTAL DE MULTICOSMOS! LOS OCHO COSMICS QUE SE DISPUTAN EL TROFEO YA HAN SALIDO A LA ARENA. ¡AHÍ ESTÁ LA BELLA GLENDAGLITTER™, LA CELEBRIDAD DE LOS *REALITIES*! ESTA RECIÉN NACIDA EN MULTICOSMOS NO DECEPCIONA CON SU AVATAR, UNA FIEL REPRESENTACIÓN DE SÍ MISMA.

Echo un vistazo a la pantalla gigante del estadio para ver a la famosilla del torneo. Ningún Cosmic entiende por qué la han invitado a participar, si no es para atraer a los espectadores de la tele.

El avatar es idéntico a su yo real, salvo por el nick flotando sobre su cabeza. Alguien debería haberle advertido que no es buena idea participar con tacones de aguja en un supertorneo a muerte.

La pantalla del estadio enfoca a otro participante que tardo en reconocer. Es un avatar con aspecto de fantasma de estudiante japonés. A diferencia de GlendaGlitter™, éste ya se ha puesto a correr (o mejor dicho, a flotar a dos palmos del suelo). Tengo que bajar la mirada a la arena para comprobar que el Cosmic avanza como una flecha al centro del estadio, donde hay un siniestro caserón sacado de una peli de terror.

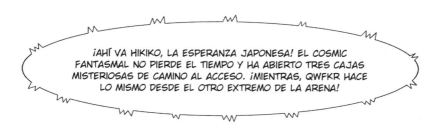

¡AHÍ VA HIKIKO, LA ESPERANZA JAPONESA! EL COSMIC FANTASMAL NO PIERDE EL TIEMPO Y HA ABIERTO TRES CAJAS MISTERIOSAS DE CAMINO AL ACCESO. ¡MIENTRAS, QWFKR HACE LO MISMO DESDE EL OTRO EXTREMO DE LA ARENA!

Se acabó mirar. Hay que pasar a la acción, que no me quiero quedar atrás. Pongo el objetivo en el caserón del centro y empiezo a correr sin reparar en los rivales. De camino me cruzo con una caja misteriosa que abro de un solo golpe de espada.

¡Plim! He ganado una poción empequeñecedora. Fenomenal... si supiese para qué sirve.

Abro la siguiente caja que encuentro a mi paso y,

¡tachán!, gano un lanzacohetes con munición infinita.

¡Menuda potra, es casi imposible de conseguir! Sustitu-
yo la espada binaria por la bazuca, nunca se sabe qué me
encontraré ahí dentro.

Abro la última caja que me cruzo y... ¡¡¡¡BUUUM!!!! La onda expansiva de la bomba me arroja a cinco millapíxeles de distancia y pierdo otro ♥ con la tontería. El lanzacohetes se ha llevado la peor parte y ha quedado como una lata de refresco aplastado por un camión.

—¡¡¡Arf!!! —protesto. No me queda más remedio que volver a sacar la espada binaria de la mochila y recorrer el último tramo hasta la casa del terror, que tiene varias entradas para que los participantes no tengamos que elegir la misma.

¡ARG!

¿QUIÉN GUARDA ECTOPLASMA EN EL RECIBIDOR?

¡SIETE DE LOS OCHO RIVALES YA ESTÁN DENTRO! SÓLO FALTA POR ENTRAR GLENDAGLITTER™, QUE ESTÁ HACIENDO ESFUER-ZOS POR DEJAR DE GOLPEARSE CONTRA LA PARED Y LLEGAR AL ACCESO DEL CASERÓN.

GlendaGlitter™

¡PLONF!

TAP TAP

Me entra la risa sólo de imaginarme a la tonta de GlendaGlitter™ delante del ordenador en su mansión, preguntándose cuál es la tecla para dar un paso al frente.

Ni rastro de los demás, pero no bajo la guardia. Desde el recibidor veo un montón de puertas y pasillos. Tomo el camino del centro y echo a correr con tanta insistencia que estoy a punto de cargarme la pantalla del móvil. Todavía no sé si quiero encontrarme con los otros Cosmics; sé por experiencia que Qwfkr no tendrá ningún problema en golpear a muerte. Espero que no haya contagiado al resto, pero ante la duda mejor me ando con un ojo en el culo (puede que en la vida real sea un modo de hablar, pero en MultiCosmos se llama «Visor trasero» y es una función superútil para estos casos).

Después de varios minutos tomando distintos pasillos, mientras unos retratos escalofriantes me saludan desde las paredes, tengo que frenar en seco para no chocar con una figura semitransparente que bloquea mi camino.

Se trata de un Mob fantasma con apariencia adorable, o eso pienso al principio, porque de pronto sus ojos se encienden y a medida que me acerco le asoma una lengua asquerosa por la boca. Tiene pinta de tener hambre y yo no tengo ni idea de qué comen los espíritus.

Mi primer impulso es evitarlo dando un rodeo, pero el fantasmita salta sobre mí y me agarra con sus bracitos. Ahora sí que la he liado. Intento deshacerme de él, pero me ha agarrado fuerte por el cuello y me está dejando sin aire. Estoy a punto de caer ahogado cuando consigo coger impulso con la espada y clavársela en el centro de la sábana. El Mob salta por los aires y quedo liberado con 50 PExp de premio. Uf, por qué poco... Menos mal que Alex no me está viendo, seguro que me habría reñido por no haberle pedido al Mob que, *por favor*, me soltase.

Vaya, Alex. Espero que no sospeche por mi ausencia. ¿Cuánto tiempo llevaré fuera? ¿Diez minutos? ¿Cuarenta? Voy a ganarme el apodo de «cagón» para el resto del campamento, pero cualquier cosa mejor que la sospecha de que estoy conectado. No quiero imaginar la reacción de los scouts, seguro que me ataban a una secuoya e intentaban exorcizarme del demoníaco MultiCosmos.

Vuelvo al caserón del estadio, donde mi avatar se recompone del susto, y continúo a la carrera. Nota mental: no te fíes del aspecto cuqui de un fantasmita Mob, sobre todo en una prueba a vida o muerte.

He perdido la cuenta de las habitaciones que he cruzado hasta ahora. Con tanta puerta tengo que pedirle a la holopulsera que me oriente para no volver atrás. En los pasillos me encuentro con más fantasmitas asesinos, pero esta vez estoy prevenido y los parto de un espadazo antes de que salten a darme un abrazo asfixiante.

—¿Estás bien?

Casi me caigo sobre un arbusto del susto (y no quiero hacer un pareado), porque quien me habla no es ningún fantasma parlanchín, sino Alex, que me mira con una ceja levantada a cuatro metros de distancia.

—¿Estás bien? —insiste mi amiga. Tengo que quitarme los auriculares rápidamente para disimular; menos mal que la oscuridad está de mi parte. Alex me mira a una distancia de seguridad, probablemente porque teme que le llegue el olor de mis aguas mayores. Debo de tener una buena diarrea para llevar tanto tiempo aquí.

—¡Uf, menos mal que eres tú! —Suspiro aliviado—. ¡Necesito un rato más!

—¿Te ha sentado algo mal? Vale que no te gusten las coles de Bruselas, pero tu cuerpo tiene una reacción un poco extrema...

—No es eso —le digo para tranquilizarla—, es que estoy conectado a MultiCosmos desde el Yayomóvil. ¡Estoy participando en la primera prueba del MegaTorneo!

La cara de Alex cambia radicalmente. Tengo que hacerle gestos para que no grite y la oigan desde el campamento base.

—¿Cómo? ¿¿¿Estás conectado??? ¡¡¿¿Has traído el móvil de tu abuelo??!! —Se pone a farfullar una frase incomprensible que suena a algo como «Eresimposiblenomepuedo-creerquehayashechoestonohasaguantadoniundíasin».

Está más furiosa que cuando le dije que el tofu es comida de gatos—. ¡Tienes que apagar ese móvil ahora mismo!

—¡Ni loco! Estoy en medio de una prueba mundial. ¿Te imaginas a Messi abandonando una final para dar un paseo en el parque?

—¡Esto no es un parque! —exclama furiosa—. ¡Y tú tampoco eres Messi!

Me subo la cremallera para no tener que discutir con el culo al aire y la contradigo:

—No soy Messi, sino *más* que Messi: soy el Cosmic más importante de MultiCosmos. ¡Gané un trillón de PExp y el Tridente de Diamante! Y en vez de dejarme jugar para mantener el podio, ¡pretendes que apague el móvil y pase dos semanas en el campamento como si no supiese que han inventado internet, rodeado de árboles inútiles!

—Oh, claro. Si los árboles diesen wifi, todo el mundo los querría. Menos mal que sólo producen el oxígeno que respiramos, que es mucho más prescindible. —Alex se ha puesto tensa—. ¿No puedes vivir sin internet durante dos semanas? ¿Sólo dos semanas al año? —Ya no está enfadada. Su rostro se ha contraído y ahora muestra una mueca triste.

—Yo no quería venir aquí, ¡ha sido un malentendido! Si tus madres no le hubiesen dicho a mi padre que...

—¡Si *tú* no hubieses mentido a tu padre, querrás decir! —replica ella—. Yo no te obligué a decir: «¡Oh, me encanta la naturaleza! No sé lo que es una secuoya, ¿es un videojuego? ¡Da igual, apúntame!».

—Muy graciosa.

—Haz lo que quieras, pero no cuentes conmigo. Llevo esperando este campamento desde hace un año. Es el único lugar donde me siento completamente feliz, donde me aceptan como soy. Y si te comportas así, sólo conseguirás arruinarlo.

—¡Puedo ganar un planeta entero para mí! ¿Quién quiere un bosque de secuoyas pudiendo tener un planeta?

Ya no me escucha. Peor para ella, le hubiese prestado el Yayomóvil cuando me cansase. Pero tengo que volver al caserón fantasma antes de que me sorprendan y eliminen del juego.

Continúo el viaje por el caserón sin idea de adónde ir. Siento que me he perdido algo importante antes de empezar, pero el megáfono de Celsius me saca de mis pensamientos:

¡LOS RIVALES AVANZAN POR EL CASERÓN! ¡MALDICIÓN, ACABAMOS DE PERDER AL PRIMERO!

Tengo que detenerme para escuchar mejor. ¿Ya ha caído uno? Cruzo los dedos para que sea Qwfkr y me libre de mi mayor archienemigo.

¡Así que es eso! ¡Tengo que bajar al sótano y robarle la corona al fantasmón jefe! El primero que lo haga ganará la prueba. En cuanto a los demás... Mejor no pensarlo. Sólo puede ganar uno.

La luz de la espada binaria parpadea y me deja a oscuras en medio de un pasillo. Genial, ha vuelto a estropearse, ahora tendré que guiarme por las lámparas de Drácula. Pero no he dado ni dos pasos en la oscuridad cuando siento que me quedo paralizado en el aire. No puedo mover los brazos ni las piernas. Por un segundo pienso que es culpa de la conexión, pero entonces mi cuerpo vibra y reparo en que he caído en una tela de araña. Una gigantesca, de hecho.

Vale que no sea un experto en vida natural, pero apuesto a que no hay telaraña sin araña, y por el tamaño de esta red, debe de ser un punto más que enorme. Intento despegarme de la tela sin éxito mientras busco el modo de huir. De repente mi cuerpo se pone a vibrar con mucha más intensidad, y necesito unos segundos para comprender que no es que me haya dado el baile de san Vito, sino que es la tela de araña la que se mueve... Eso significa que se acerca un invitado sorpresa.

—¿Hola? ¿Hay alguien ahí? —Intento sonar valiente, en plan «Vaya, estoy atrapado en una telaraña, pero no pasa nada»—. ¿Quién viene?

Como si escuchase mis palabras, la espada binaria se reactiva en el cinto e ilumina la cámara. La luz muestra la red en la que estoy atrapado, además de unas cuantas calaveras y huesos. Ésa es la parte buena, porque el fogonazo de luz también ha alcanzado a una enorme tarántula peluda, más grande que yo, que levanta las patas para protegerse de la luz del flash. Perfecto, ahora la he cabreado.

La araña está a diez millapíxeles de distancia. A pesar de que tiene más culo que Nicky Minaj, se mueve con siniestra agilidad sobre su propio hilo y no tiene reparos en aplastar los cadáveres de antiguas víctimas a su paso. Los ocho ojillos están clavados en mí y viene directa al encuentro.

¿¿¿Qué hago ahora??? Tengo el cuerpo más bloqueado que un móvil sin PIN. El arácnido está a punto de triturarme con sus dientes, y seguro que después me entierra en su tela como un gusano de seda. Adiós MegaTorneo, adiós planeta Beta2 y adiós Usuario Número Uno.

‹Qué sucio está este sótano›

La araña salta sobre mí y me da un voltio con sus patas asquerosas. Una vez me ha mareado como un pato, me asesta un mordisco en la pierna. ¡Eh, eso duele! No paro de chillar (mi avatar, porque mi yo real no debe llamar la atención en el campamento) hasta que me suelta y me deja con sólo ♥♡♡♡♡. El bicho se prepara para el ataque definitivo mientras exprimo mis últimas fuerzas para despegar el brazo izquierdo de la telaraña y agarrar la espada binaria. ¡Nada, estoy perdido! Tanta estrategia con el Yayomóvil y una pelea con Alex para esto... La red se agarra a mi traje espacial como el polvo a una mopa.

Espera, ¡tengo una opción! El traje de mi avatar cuenta con un puñado de prestaciones útiles para emergencias espaciales, como caer atrapado en un meteorito a trescientos grados bajo cero. Puede que la solución sea un poco drástica, y a Alex no le gustaría nada, pero ya ha dejado claro que las secuoyas están por encima de mí en su ranking, así que no le pienso preguntar. Activo un comando con los botones del móvil y enseguida sube la temperatura de mi vestimenta. Es muy útil para mantener el calor en medio del gélido espacio, pero mi propósito es otro. Pongo el termómetro a tope y noto como mi avatar se achicharra por momentos. El último ♥ de la barra vital tiembla ante el peligro, pero tengo que resistir. El calor irrita a la tarántula, que levanta las patas como aguijones para asestarme el golpe final. Las llamas de mi traje salen despedidas justo a tiempo, quemando la tela de araña que me atrapa y librándome de la prisión. Agarro la espada binaria, repelo el ataque de la tarántula y se la clavo en medio del pecho, justo donde se unen sus patitas asquerosas. ¡100 PExp para el menda!

¿Arañas a mí? ¡Ja! ¡Lo he vuelto a conseguir!

Me pongo a hacer el baile de la zarigüeya para celebrar mi pírrica victoria. Lo estoy haciendo bastante bien hasta que escucho decir a Celsius por megafonía que estoy sufriendo espasmos por el veneno de la araña. Me detengo en seco. ¿Tan mal bailo? Mejor vuelvo a la carrera; no quiero llegar tarde a mi audiencia con el Rey de los Fantasmas.

Sin embargo, las cosas se complican.

Un millón de ojitos brillantes se encienden entre las penumbras. Justo antes de salir, distingo una horda de arañas minúsculas y repugnantes que vienen corriendo hacia mí, y por el ruidito siniestro que hacen me juego la mochila de Pandora a que buscan venganza por la muerte de mamá.

Para complicar más las cosas, pierdo la conexión de internet y mi avatar se queda congelado en la fuga. Tengo que estirar el brazo y agitar el Yayomóvil para conseguir una rayita de cobertura. Venga, venga, venga... ¡Por fin! ¡Justo a tiempo!

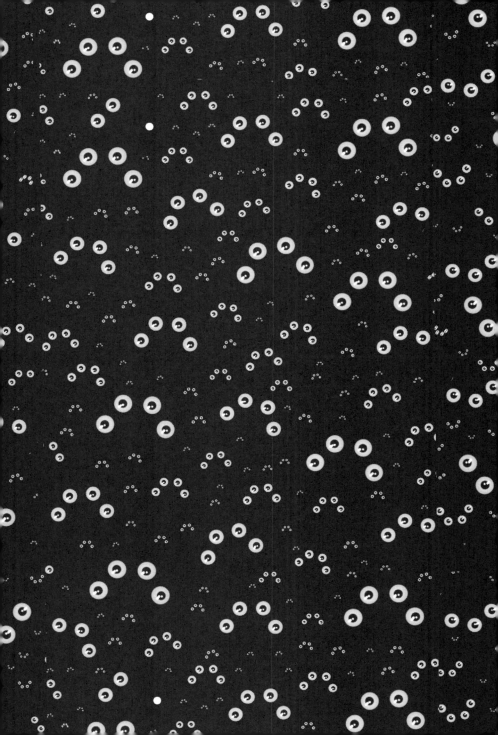

Echo a correr y llego hasta el final de un pasillo lleno de paisajes infernales, pero un río detiene mi camino. Maldición, no conozco el comando para nadar como un perrito.

Un río detrás de la puerta de un pasillo, lo típico que te encuentras en MultiCosmos. La marabunta viene hacia mí y no es momento de andarse con remilgos. ¡No será peor un chapuzón que un millón de arañas! Pero no es agua lo que fluye por el río, sino un líquido espeso y plateado. Una rápida consulta a la holopulsera me confirma que es mercurio, un elemento altamente nocivo en contacto con la piel. Las palabras exactas son: «No te metas ahí dentro ni en broma», y al lado, un icono de calavera. Veo como mi victoria se aleja con la corriente.

Si no consigo sortear el río, en unos segundos seré la merienda del Escuadrón Arácnido. Mientras pienso mis últimas palabras, aparece llevada por la corriente una barca de madera con forma de cubo. Spoiler, el ninja con sobrepeso, me hace señales desde la proa.

—¡Eh, tú! ¡Sube a bordo!

—¿Para que me tires al río de mercurio? Ni lo sueñes.

—No voy a tirarte —replica Spoiler, que se acerca rápidamente arrastrado por la fuerza del río—. ¡¿Quieres salvar tu culo o no?! ¡Confía en mí, tron!

A falta de una alternativa mejor, tomo impulso y salto a la barca en el preciso instante en que pasa a mi lado. Bueno, no lo consigo del todo, porque me quedo colgando del lado izquierdo. Spoiler me ayuda a subir antes de que el mercurio me trague. Al ponerme en pie junto a él, que es un poquito más bajo que yo, nos quedamos en silencio. Tenemos que agarrarnos a la barandilla para no caer por efecto de la corriente.

Es la segunda vez que Spoiler y yo nos encontramos en MultiCosmos. La primera fue también en este planeta, sólo que Beta no era más que un desierto inhóspito donde los Masters habían escondido el Tridente de Diamante. A pesar de pillarme desprevenido, el ninja pasó por mi lado sin hacerme daño y hasta me saludó. ¡Justo cuando podía librarse de mí, el rival más fuerte de la Competición! Entonces no le di las gracias y prácticamente me olvidé de él, pero ahora, el mismo Cosmic ha vuelto a demostrarme que está por encima de las riñas de los demás competidores. De haber sido Qwfkr, ya me habría arrojado al mercurio, disparado con un cañón y rematado con un dardo atómico.

—Casi me matan un montón de arañas cabreadas. ¡Te debo una! —Es mi modo de romper el hielo—. ¿Por qué me has rescatado? No es que no te esté agradecido, pero somos rivales del MegaTorneo y nadie espera que me ayudes a llegar a la sala del Rey de los Fantasmas.

Spoiler pasa de mí y se pone a trastear en su riñonera. De pronto saca una especie de pistola de bolas con mirilla microscópica.

—¿Rescatado? Mira lo que nos persigue por el río y dime quién va a ayudar a quién.

Entonces lo veo. Un bicho del tamaño de una ballena azul y piel de sapo asoma el morro justo por detrás de la barca, dispuesto a zamparnos de un bocado. ¡Es el Mob más feo del universo! Spoiler me lanza la pistola de bolas y vuelve al manejo del timón.

Fallo los tres primeros tiros. ¡Con esta corriente no hay quien apunte bien! Sólo me quedan cinco disparos más. ¡Concentración!

¡Prueba tu puntería a bordo! Coge un boli, sujétalo en el aire a un metro de altura sobre el libro y arrójalo para acertar al Mob. Sólo tienes cinco intentos.

¡Victoria, el bicho se retira! Spoiler y yo sentimos unas ganas irreprimibles de abrazarnos, pero el impacto de la barca contra una pared nos corta el rollo. Hemos llegado: el río de mercurio se cuela por una rendija, mientras que a un lado hay un pasillo iluminado con setas azules y la indicación CÁMARA REAL POR AQUÍ. El caserón se ha convertido en una cueva de monstruos. Los dos Cosmics saltamos a tierra para continuar la aventura, mientras la retransmisión de Celsius resuena sobre nuestras cabezas.

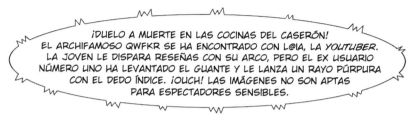

¡DUELO A MUERTE EN LAS COCINAS DEL CASERÓN! EL ARCHIFAMOSO QWFKR SE HA ENCONTRADO CON L@IA, LA *YOUTUBER*. LA JOVEN LE DISPARA RESEÑAS CON SU ARCO, PERO EL EX USUARIO NÚMERO UNO HA LEVANTADO EL GUANTE Y LE LANZA UN RAYO PÚRPURA CON EL DEDO ÍNDICE. ¡OUCH! LAS IMÁGENES NO SON APTAS PARA ESPECTADORES SENSIBLES.

Este caserón tiene más cámaras que *Gran Hermano*. A continuación, la voz del Administrador Supremo cuenta que GlendaGlitter™ se ha librado del mayordomo zombi de pura potra, mientras que Sidik4 ha tenido que tomar una poción reparadora después de que un fantasma le atravesase el cuerpo. Ni una palabra del ganador; eso me da esperanzas. El problema es que si yo estoy cerca de la cámara real, Spoiler también lo está.

—¿No piensas atacarme? —le pregunto a la carrera. El ninja me mira sorprendido.

—¿Por qué iba a hacer eso? No pienso atacar a ningún rival, pero tampoco creas que te voy a poner una alfombra roja hasta la corona del Rey de los Fantasmas. ¡Pienso hacerme con ella, tron!

—¡Ni lo sueñes!

Spoiler y yo nos miramos y corremos a toda leche hasta que llegamos a una robusta puerta de piedra. La llave está echada y no se abre. Entonces Spoiler se eleva por el aire gracias a sus zapatillas de nitrógeno y se cuela por una ventana demasiado alta para mí. ¡Repíxeles, vuelvo a quedarme atrás!

Estoy a punto de darlo por perdido cuando veo una rendija minúscula debajo de la puerta y recuerdo la poción empequeñecedora que conseguí al abrir la primera caja misteriosa. Le doy un trago y enseguida menguo al tamaño de una nanoSIM. Me cuelo por la grieta de la puerta y ya estoy dentro de la cámara real. ¡Ahí está el Rey de los Fantasmas postrado en su trono, con una corona semitransparente en la cabeza! Está rodeado de fantasmitas amenazantes. Sólo tengo que pensar cómo burlarlos y...

Suena un pitido a un centímetro de mi cara y una mano me arranca el Yayomóvil de los dedos. *Game over.*

—¡Te pillé, novato! —Es la voz triunfal del subjefe de los scouts. Un millón de espectadores se preguntarán qué me ha pasado cuando vean que mi avatar se queda paralizado en medio de la cámara real. Pero eso a Jota le da igual; lanza el Yayomóvil al suelo, le propina varios pisotones hasta que queda inservible y me agarra de la camiseta para llevarme de vuelta al campamento base. Aceptaría que reaccionase furioso, o incluso que me chillase la lista entera de insultos scout, pero el chico sólo sonríe como un sádico... y eso me pone los pelos de punta—. Es hora de que conozcas la Rueda.

—Oye, creo que ha habido una confusión —digo atropelladamente. A ver cómo salgo de este lío—. Sé que va a sonar raro, pero necesito escuchar música clásica cada vez que voy al baño, por un tema de estreñimiento; me ayuda a aflojar el intestino. No habrás pensado que estaba conectado a...

Por una milésima de segundo pienso que Alex me ha traicionado, pero la realidad siempre es más cruda.

—Sólo a un idiota se le ocurre agitar una pantalla de móvil en medio de la oscuridad. —Vale, mi estrategia para recuperar la cobertura ha sido un fiasco; de hecho, lo único que he conseguido es llamar su atención como un faro en medio de la oscuridad—. Pero no te lamentes, así puedes comenzar esta misma noche tu desintoxicación.

Jota y yo llegamos al centro del campamento, donde hay una hoguera encendida y medio centenar de scouts alrededor. Todos están atentos a nuestra llegada, y por la cara que ponen, ninguno querría estar en mi piel. Pero en vez de devolverme a la mesa de mi patrulla, desde la que me observan Alex y los Tres Viciados con la respiración contenida, me arrastra hasta la extraña noria junto a la tienda principal.

—Me estás haciendo daño. ¿Dónde está el jefe del campamento? Quiero hablar con él.

—Acaban de llevárselo de urgencias al hospital —responde con indiferencia—. Por lo visto, ha comido algo que le ha sentado mal. No es suficientemente duro para el campamento. Pero no te preocupes, yo me quedo al mando hasta mañana.

Vale, ahora sí que estoy preocupado.

—Ponte a correr si no quieres conocer al Trasgo —me ordena.

—¿A quién?

Se acerca a la Rueda, se agarra de una de las tablillas y tira hacia mí. De pronto la noria se empieza a mover y tardo unas milésimas de segundo en comprender que no es ninguna noria, sino una rueda de hámster a escala humana.

Tengo que ponerme a correr para no tropezar y salir rodando del invento. Pero es peor, porque la rueda da vueltas a la vez que yo y enseguida se pone a girar y a girar cada vez más deprisa, sin que logre controlarla. Intento saltar fuera, pero Jota me bloquea el camino.

—Tienes el honor de estrenar la Rueda de castigo. —El monitor se gira para dirigirse a todo el campamento—. ¡Obedeced y todo irá bien! ¡Desobedeced... y conoceréis la Rueda!

Al cabo de un rato regreso a la tienda de campaña, con los huesos molidos y el ánimo por los suelos. Nada más entrar, los Tres Viciados se quedan en silencio y se tapan con los sacos para no tener que verme, pero la luz de la luna los ha delatado.

—Sé que estáis despiertos. Os he oído antes de entrar.

Unos segundos más tarde, el pequeño del TriViciato asoma la cabeza por encima del saco. Sus ojos me miran asustados. Poco a poco, los otros dos también se atreven a salir de su escondite.

—No hace falta que os escondáis; Jota ya se ha encerrado en su tienda.

—¡¡¡Chisss!!! —me calla Lucas, el mediano—. No lo menciones. ¡Te puede oír!

—Con lo pirado que está, no me extrañaría que haya envenenado al Jefe de Tropa y colocado micrófonos en nuestra tienda.

—Es imposible que haya puesto micros. —El mayor se ha incorporado y habla muy serio—. Odia la tecnología.

No tengo humor para buscar el pijama en la mochila, así que me acuesto con lo puesto. Ni siquiera tengo sueño; a pesar de que he corrido más que en toda mi vida, he salido de la Rueda más activo que unas maracas en un carnaval. No sólo estoy nervioso por Jota y sus represalias; sé que abandonar el MegaTorneo como lo he hecho significa mi eliminación fulminante y, por tanto, Qwfkr volverá a ser el Usuario Número Uno de MultiCosmos. Así da gusto empezar las vacaciones.

‹Campamento Tortura›

—¡¡¡ARRIBA, SCOUTS!!! ¡¡¡Tenéis diez minutos para poneros en pie y sentaros a desayunar!!!

He pasado una noche horrible. El pequeño de los Tres Viciados nos ha despertado a gritos en dos ocasiones; soñaba que estaba en casa sin internet, y cuando comprendía que la pesadilla no era tal, aunque también está sin internet en medio de un bosque, no había quien lo consolase. Pero por fin se ha hecho de día y me he propuesto empezar con buen pie.

Los problemas han llegado cuando he abierto la mochila que me preparó mamá y he descubierto que había doce camisetas, dos pantalones, unos mocasines (¿en qué estaba pensando?), tres pares de calcetines y cero calzoncillos. CERO. Mamá se olvidó por completo de ellos. Pido ayuda al TriViciato a la desesperada, pero se niegan a compartir su muda conmigo. No los culpo. Así que sin más ropa interior que la que llevo puesta, no tengo más remedio que ponérmelos de vuelta y del revés. Van a ser las dos semanas más cochinas de mi vida.

La mañana no puede ir peor. Después del desayuno, Jota nos comunica a todos que el Jefe de Tropa tendrá que quedarse ingresado unos días más en el hospital.

Dedicamos la jornada a crear la bandera de nuestra patrulla. Y enseguida compruebo que los scouts no tardan ni cinco minutos en regresar del bosque provistos de un montón de elementos de la naturaleza, mientras que nosotros no conseguimos más que un tubo de pasta de dientes. Alex se lleva las manos a la cabeza; la bandera de la patrulla Chorlito parece un helado de nata aplastado.

Puede que Jota me haya quitado el móvil, pero todavía tengo el reloj casi-inteligente, disimulado con su diseño de reloj patata. Cuando nadie me mira, selecciono los ajustes de red y busco una conexión wifi. En la ciudad se cuentan por cientos, aquí tiene que haber alguna. Pero por más que pincho «Actualizar», el radar no encuentra nada. Esto es más difícil que encontrar agua en Marte, la prueba definitiva de que nos han traído al culo del mundo.

Más tarde hacemos una carrera y yo no consigo ni terminar; aquí no funciona el comando Alt + c para correr. Empiezo a hacerme a la idea de que la vida scout no es tan sencilla como imaginaba.

El desastre continúa por la noche, cuando los capitanes organizan un juego de orientación con las estrellas. Ni siquiera el premio de una caja de galletas de chocolate consigue movilizarnos. Los scouts son demasiado rápidos y desaparecen de nuestra vista antes de que consigamos ubicar ni la Luna.

Mientras tanto, sigo buscando una red de conexión, pero ya no me queda un rincón del campamento por probar. Aquí no se conecta ni el Yeti.

El TriViciato ignora todos los ánimos de mi amiga para terminar la prueba.

—¿Por qué tenemos que perseguir luces espaciales? Ni que fuésemos los Reyes Magos.

—Tengo hambre.

—Lo que daría por conectarme a MultiCosmos ahora...

Si supiesen que Alex es Amaz∞na, la famosa Cosmic, cambiarían de idea. Pero ella ha activado el modo scout para las próximas dos semanas, y no hay quien la baje del burro.

—Está bien —dice sin perder la paciencia—. Imaginad que sois unos Cosmics perdidos en una galaxia inexplorada. ¿No miraríais las estrellas para orientaros?

Por un instante parece que han picado el anzuelo, pero enseguida niegan con la cabeza.

—¡Qué chorrada! —exclama el pequeño—. Si esto fuese MultiCosmos, ya habría apretado el botón de «Escapar».

El juego termina antes de que nuestra patrulla haya conseguido salir del campamento y, como consecuencia, Jota nos castiga con la Rueda. ¡Es injusto que tengamos que pasar nuestras vacaciones aquí!

Pero después de que el último de nosotros pase por la Rueda, Alex se presta voluntaria al castigo. De nada sirve que los otros monitores traten de disuadirla: dice que es la capitana y que tiene que pasar por lo mismo que su patrulla.

Alex se marcha a dormir a su tienda de campaña con la cabeza gacha, y aunque odio este lugar, tengo que admitir que me da un poquito de pena. No consigo borrar la sensación de que también le estamos arruinando el campamento a ella. Jota es el único que parece disfrutar con nuestro sufrimiento y no oculta su sonrisa sádica. Ojalá regrese el Jefe de Tropa pronto y termine con las humillaciones.

El tercer día nos despertamos con una noticia peor: el Jefe de Tropa continuará varias semanas ingresado y no podrá regresar al campamento. A ver, no es que de pronto me importe el Jefe de Tropa. Por lo visto, cenó una seta venenosa por error, un fallo extrañísimo tratándose de un listillo de la naturaleza. El anuncio trae consigo una consecuencia catastrófica que conocemos a la hora del desayuno.

—Yo seré el nuevo Jefe de Tropa —anuncia Jota, para terror de mi patrulla. La única que aplaude como si no hubiese un mañana es Alex—. A partir de ahora tendréis que hacer las cosas a mi manera.

Y aunque parezca que los Tres Viciados y yo somos los únicos rebeldes del campamento, no tardan en salir varios scouts que no están del todo de acuerdo con la autoproclamación de Jota. Alguno se atreve a acusarlo de no seguir los principios scout, que supongo que consistirán en bailar la danza de la lluvia y comer hormigas. Pero Jota corta la rebelión por lo sano y, de un golpe de silbato, manda a la Rueda a los que osan desafiarlo. Al final del día no queda nadie que se atreva a rechistar.

—¡Está loco! —le digo a Alex durante la cena, aprovechando que el nuevo jefe se ha encerrado en la tienda principal. No come ni cena con el resto—. Ha castigado a una niña sin comida por pisar un gusano sin querer, y después ha mandado a la Rueda a dos chicos porque no le gustaba el nudo de sus pañoletas.

Alex pone los ojos en blanco, dejando claro que opina que exagero.

—Puede que Jota sea un poquito exigente, pero es porque quiere que completemos el entrenamiento y estemos listos para la yincana final. Es por el bien de la tropa.

—¿La tropa? —digo con guasa—. ¡Lo que quiere él es un ejército! No sé si estamos haciendo nudos o ensayando la invasión de Rusia. Como esto siga así, cogeré mi mochila y me fugaré.

—No sabes lo que dices —replica alarmada—, ¡estamos a día y medio del pueblo más próximo! Sólo tienes que aceptar las normas y empezarás a disfrutar enseguida. ¡No hay mejor vida que la de un scout!

En cuanto Alex se une a los otros capitanes para preparar las actividades del día siguiente, el TriViciato me aborda.

—Déjalo, macho. No tienes ninguna posibilidad —me susurra al oído el mediano.

—Está colgadita por Jota —remata el mayor.

La noticia me pilla tan de sorpresa que tardo en reaccionar, pero finalmente salto como un volcán en erupción.

—Un momento. ¿De qué estáis hablando? ¿¿¿Os habéis vuelto locos??? —les pregunto perplejo. Pero los Tres Viciados niegan con la cabeza.

—Sabemos que te gusta Alex, pero a ella le salen corazoncitos de los ojos cada vez que Jota está cerca —dice el pequeño, que de pronto parece el Doctor Amor—. Si estuvieses cachas y liberases osos pardos en cautividad, a lo mejor...

—¡¡¡Basta!!! ¡Alex no me gusta! —protesto—. ¡Y a Alex no le mola Jota, estoy seguro! Si le gustase..., me lo habría dicho —remato con un hilillo de voz—. Soy su mejor amigo.

—Sí, sí, lo que tú digas. —Los Tres Viciados se ríen entre dientes y cruzan miradas de guasa—. Pero Alex está coladita por él.

Terminamos la cena y nos vamos a dormir. Pero incluso en la cama, con la luz de la luna filtrándose por la lona de la tienda, no puedo parar de pensar en las palabras del TriViciato. ¿Alex... enamorada de Jota?

Tengo tantas preocupaciones en la cabeza que por primera vez en mucho tiempo me duermo sin pensar en MultiCosmos. Bueno, salvo ahora mismo, porque he pensado en que no he pensado en MultiCosmos. ¡Repíxeles, ahora ya estoy pensando en MultiCosmos otra vez! Procedo a desconectar el cerebro.

3
2
1

zzz...

El cuarto día de campamento se produce un hecho sin precedentes: nuestra patrulla no es la última en una prueba.
Vale, ha sido gracias a que otro equipo se ha tenido que
retirar del atrapa-la-bandera después de enfadar a un en-
jambre de abejas y salir por patas, pero este puesto de pe-
núltimos hace que Alex se convenza de que todavía tenemos posibilidades de completar el proceso de aprendizaje y
llegar vivos a la yincana final. Se pasa la tarde animándonos
a que nos tomemos el juego en serio.

—En MultiCosmos las competiciones tienen su premio,
como un millar de Puntos de Experiencia o un comando
volador —dice el mayor, el más enteradillo del trío—. ¿Cuál
es el premio del campamento scout, exactamente?

—¡El honor, por supuesto! —responde Alex, como si eso
lo explicase todo—. ¡Y una visita al observatorio! ¿A qué
vienen esas caras? ¡Hay un telescopio brutal! —Los Tres Viciados y yo hemos desconectado los cerebros. Que no
cuenten con nosotros.

Por la tarde nos eligen para la única tarea que se nos
da bien: recoger piñas y ramas para la hoguera de la noche. Cada vez debemos ir más lejos para encontrarlas, y
tengo que adentrarme bastante en el bosque para conseguirlo.

Me pongo a caminar solo, siguiendo un sendero que ya
hemos recorrido varias veces, cuando reparo en lo impresionante que es el bosque. Hasta ahora no me había
fijado en la naturaleza o, mejor dicho, no había tenido ga-

nas. Estaba demasiado enfadado por mi descalificación del MegaTorneo. Pero después de varios días, empiezo a descubrir algunas cosas que ni imaginaba. Por ejemplo, que no hace falta que te echen una bronca para estar en silencio; en el bosque hay mucha tranquilidad y nadie te grita. También he comprobado que hay animalitos por todas partes, y a diferencia de los Mobs, éstos no pretenden matarte. En MultiCosmos no te puedes fiar ni de las mariquitas.

Sin embargo, no hay nada que me mole más que las secuoyas. Hasta hace menos de una semana sólo conocía las plantas de mi ciudad, y creía que a los arbolitos les salían las bolas de Navidad si los regabas con chocolate. Pensaba que todos los árboles se llamaban igual, y que eucalipto, ciprés o pino eran marcas de ambientador. Pero este bosque es una reserva natural de secuoyas, los árboles más grandes del mundo. Pueden vivir varios miles de años. No puedo esperar para volver a casa y buscar un planeta Secuoya en MultiCosmos. ¡Será un flipe saltar de árbol en árbol!

Estoy empanado con mis pensamientos cuando de pronto escucho un ruido cerca de mí. Me giro en redondo, asustado, pero no veo nada.

—¿Eo? ¿Alex, eres tú? —pregunto asustado—. ¿TriViciato...? Quiero decir, ¿Tobías? ¿Lucas? ¿Sam?

Suena otro crujido de hojas secas muy cerca. Me quedo paralizado, esperando a que un jabalí me embista.

—¡¿Quieres algo?! —Alex me grita a veinte metros de distancia, justo detrás de mí. Entonces lo oigo claramente:

alguien o algo, el responsable de las pisadas, escapa en la otra dirección. Casi me da un paparajote al ver unas pieles rojas huir entre la espesura del bosque, perdiéndose en la oscuridad. Sigo bloqueado cuando mi amiga viene hasta mí y me zarandea para espabilarme. Tiene piñas hasta entre la trenza—. ¡Estás empanado! Así nunca vamos a remontar.

—Acabo de ver algo, Alex —le digo en voz baja, por si esa cosa pudiese volver—. Una bestia roja y peluda, de casi dos metros de alto. ¡Estaba acechándome!

—Sí, claro; el Trasgo. —Mi amiga me hace una señal para que la siga—. ¡Volvamos al campamento, o llegaremos tarde al taller de identificación de huellas de animal!

El sexto día casi me he olvidado de lo que es la electricidad y, por extensión, la civilización. Sigo intentando comprender qué tiene de emocionante pasar dos semanas sin luz ni agua corriente, salvo el río que cruza el bosque a cien metros del campamento.

Pero mientras mi humor y el de los Tres Viciados va a peor, Alex y el resto de los scouts parecen disfrutar de cada condenada actividad al aire libre, les parece natural que el retrete sea un agujero entre los arbustos (bueno, *natural* es... pero ¡por la noche se te congela el culo!) y se entusiasman con los cantos de los pájaros a las cinco de la mañana, cuando lo único que a mí me apetece es freírlos en la sartén. Jota está obsesionado con prepararnos para la prueba final, y se pone furioso cuando nos rendimos. Menos mal que sólo tiene un silbato en vez de armas nucleares, porque se comporta igual que el Líder Supremo norcoreano.

Cada nuevo día en el campamento parece idéntico al anterior, salvo por un detalle: mis calzoncillos están cada vez más tiesos. Pero la cosa cambia la tarde del sexto día. De camino al retrete-agujero, escucho lo que parece un partido de fútbol, aunque eso es imposible: aquí no hay tele ni ordenador.

El sonido se desvanece enseguida, como silenciado. Levanto la cabeza, pero las copas de las secuoyas no me dicen nada. Sigo caminando, convencido de que ha sido fruto de mi imaginación. Sin embargo, antes de llegar al retrete-matorral, siento un zumbido en la muñeca. Como no hay wifi en el campamento, hasta ahora mi reloj casi-inteligente era una patata-de-pulsera y sólo servía para dar la hora, pero de pronto ha despertado de la desconexión y recibo de golpe un montón de notificaciones.

Después de casi una semana sin conexión, me entran cientos de e-mails, tuits y, por supuesto, alertas de MultiCosmos. Pero es imposible, eso significa que el reloj-patata se ha conectado a internet, y si algo he aprendido aquí es que creen que «Wifi» es un demonio azteca. Por tanto, ¿de dónde llega la red?

Me olvido del apretón de tripas y corro a esconderme para verificar la buena noticia. Lo último que necesito es que Jota descubra que mi reloj tiene más funciones que marcar la hora.

El nuevo Jefe de Tropa se pasea por el campamento como un dictador, sólo falta que le salga bigote; el resto de los monitores andan con pies de plomo. La única que parece no darse cuenta es Alex, empeñada en defenderlo a capa y espada. No sé qué opinarán los científicos, pero juraría que mi amiga levita dos centímetros sobre el suelo cada vez que su ídolo anda cerca. Al final tendré que darles la razón a los Tres Viciados.

‹Visita a la casa-árbol›

La presencia de un par de monitores me obliga a esconderme detrás de un tronco de secuoya. Están tan entretenidos con su conversación que no se pispan de mi presencia. Espero a que se alejen para reanudar mi camino hasta la tienda de campaña y, una vez dentro, me encierro con cremallera para trastear con el reloj. No estaba tan nervioso desde que el abuelo se empeñó en cortarme el pelo a tijera con su pulso sísmico.

Desbloqueo la pantalla del reloj y abro el panel de notificaciones, tan pequeño como un dedal. Tengo que achinar los ojos para leer los últimos avisos. El primer titular ya me deja del revés: «Seis Cosmics competirán en las semifinales del MegaTorneo. La prueba del caserón fantasma se saldó con dos eliminados: SuperRouter y L@ia». No me lo puedo creer, ¡eso significa que pasé a la siguiente fase! Pero es imposible: sólo podían clasificarse cuatro, y Jota me arrancó el Yayomóvil de las manos cuando todavía quedaban otros cinco Cosmics en pie.

Sólo hay un modo de averiguarlo: hago clic sobre el titular, pero la página se cuelga; la conexión wifi aparece y desaparece como un intermitente y al final cae sin retorno. Abro el panel de conexiones para intentar reconectarme...

y entonces sí que me quedo tieso. El nombre de la única red wifi que aparece en la pantalla me congela la sangre como cubitos de hielo:

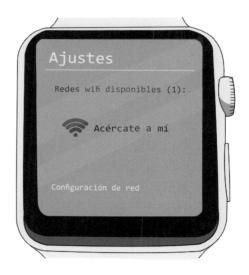

Por si no fuese suficientemente chungo encontrar wifi en el Campamento Odiamos-la-Electricidad, el hecho de encontrar una red llamada «Acércate a mí» eleva la situación a peli de terror. Echo un vistazo por la rendija de la tienda de campaña, no sea que de pronto aparezca un tío con una motosierra.

¿De dónde sale esta conexión? ¿¿Cómo logré clasificarme en el MegaTorneo sin ni siquiera terminar la prueba?? ¿¿¿Conseguiré calzoncillos limpios??? Es hora de averiguarlo.

Encuentro a Alex en la tienda de provisiones, haciendo inventario junto a una monitora. Le digo que quiero ir a buscar ramas para la hoguera de esta noche, porque un scout precavido vale por dos.

—¿En serio? —pregunta emocionada—. Si nuestra patrulla no tiene que volver a hacerlo hasta pasado mañana...

—Me ofrezco voluntario —digo con desinterés. Odio mentir a mi mejor amiga, pero su cerebro explotará si descubre que tengo conexión en el reloj. No soportaría el dilema de mentir a Jota para protegerme—. Ayer disfruté mucho de... *la comunión con la naturaleza.*

Casi se me escapa una carcajada al pronunciar estas palabras. Alex levanta una ceja y por un momento parece que me va a detener, pero entonces dice:

—¡Genial, animalito! Estoy muy orgullosa de ti. Si sigues así, te harás con la insignia a «Mejor Recolector de Piñas». ¡Yo llevo un año detrás de ella!

Huyo de la tienda antes de que alguien sospeche de mi conversión. Es importante tener una coartada para escapar un rato del campamento, sobre todo porque Jota pasa revista cada dos por tres entre los scouts para asegurarse de que las cosas salen como él quiere.

Una vez pierdo el campamento de vista, levanto la muñeca y busco las líneas de conexión con el reloj. El panel aparece en blanco y «Acércate a mí» ha desaparecido de la pantalla. Espero que eso no signifique que mi misterioso amigo lo ha apagado.

Doy un rodeo al campamento protegido por la sombra de las secuoyas y llego hasta el otro extremo. Compruebo el wifi de nuevo y esta vez sí aparece la red: una sola rayita que viene y va, lo que significa que está lejos. Tomo esa dirección.

Mi única brújula es el símbolo de la conexión wifi. Cuando pierdo una rayita, vuelvo hacia atrás y tomo otro camino donde la red sea más potente. Cada cinco minutos aumenta una raya, señal de que estoy cada vez más cerca. Pero ¿adónde me lleva el reloj? Alex dijo que la civilización más próxima estaba a día y medio de distancia, y lo que está claro es que esta rayita no estaba aquí cuando llegué. ¿Quién ha conectado un router en medio de una reserva natural de secuoyas?

Antes de improvisar una respuesta, descubro que estoy en un punto del bosque desconocido para mí. Intento recordar por dónde he venido, pero lo único que hay a mi alrededor son cientos de secuoyas idénticas, con unos troncos del tamaño de una casa y tan altas como rascacielos. No se escucha otra cosa que el viento entre los árboles, cae la tarde y empieza a hacer frío. Oigo un chillido agudo cerca que me pone los pelos de punta, espero que sólo sea un murciélago. De pronto no me parece tan buena idea haberme adentrado solo en el bosque.

La criatura de pelaje rojo regresa a mi mente y de pronto me entra un miedo brutal. Echaría a correr si no fuese porque no tengo ni idea de adónde huir. Quizá podría defenderme con una rama, aunque no proyecte rayos como la espada binaria. Pero mientras pienso en todo eso, descubro junto a una de las secuoyas una estrecha escalerilla hecha de cuerda que a un palmo del suelo se eleva hasta las alturas.

Alzo la vista. La copa de la secuoya está tan alta que no veo un pimiento, pero la red wifi está casi a tope. Se ven luces entre las ramas. ¡Es aquí! ¡Tiene que haber alguien!

Estiro la escalerilla para comprobar que está bien sujeta y empiezo a subir. Está tan alto que tardo casi cinco minutos en alcanzar la copa, y llego tan cansado que necesito otros cinco para recuperarme. Cuando por fin abro los ojos, flipo por trillonésima vez desde que me desperté esta mañana.

Me encuentro en una casa–árbol. Sostenida por las ramas y fabricada con un montón de tablones de madera y

hierro, se levanta una especie de cabaña con ventanas dobles y una puerta reciclada de nevera. La construcción flota sobre una plataforma unida con pasarelas a las dos secuoyas más próximas, de modo que además del apartamento, hay una cabina que parece un retrete y una segunda construcción más pequeña. Necesito seis ojos para observar todo a mi alrededor: bidones unidos a tubos de plástico que se pierden entre las ramas superiores, un pequeño panel solar sujeto a una veleta, molinillos que giran con la brisa del bosque, e incluso un complejo sistema de poleas que termina en una sierra que en esos momentos está cortando un leño ¡sin intervención humana! Hay más inventos de los que puedo identificar. Este lugar tiene que ser el laboratorio de un grupo de científicos. Pero ¿por qué lo habrán escondido entre las copas de las

secuoyas a cien metros de altura? ¿De qué se quieren esconder?

Confirmo que la señal wifi del reloj está al máximo. La red me decía «Acércate a mí» y yo he venido atraído como un mosquito a la luz... o un viciado a la conexión.

¡Tin, tin, tin! No paran de llegar alertas de MultiCosmos. Seguro que el Administrador Supremo se ha vuelto loco intentando contactar conmigo después de abandonar la primera prueba del torneo por sorpresa; pero puede esperar un rato más, primero quiero descubrir qué hay aquí dentro. Me acerco de puntillas hasta la entrada de la caseta principal y empujo la puerta; está abierta y no veo ningún sistema de seguridad. Supongo que no están acostumbrados a recibir visitas.

La luz del atardecer se cuela por las ventanas, pero nada más poner un pie dentro se encienden los tubos de neón del techo. Primero me llevo un susto de muerte al pensar que hay alguien conmigo en la habitación, hasta que veo que he pisado un interruptor colocado estratégicamente debajo del felpudo. La luz artificial baña cada rincón de la sala, un poco más grande que el salón de mi casa, y no pierdo detalle de los cachivaches colocados en las estanterías (algunos de ellos no logro imaginar para qué sirven), además de las herramientas, los dibujos y las latas de conserva repartidos sin ningún orden. Al lado de esta leonera, el dormitorio de mi hermano Daniel parece un decorado de la teletienda.

En el centro de la habitación destaca una mesita redonda con un ordenador de última generación. Es el único objeto que no parece reconstruido con piezas de desguace. La pantalla está encendida, llamándome como una sirena. Me siento en la silla (en realidad, un tronco en vertical del que todavía sobresale una ramita lateral) y abro el explorador de internet. ¡*Vualá*, funciona! Así que no pierdo un segundo y me conecto a la web de MultiCosmos e inicio sesión. Enseguida suenan las tres notas que me dan la bienvenida, mi sintonía preferida.

Mi avatar ha regresado automáticamente a su apartamento en el planeta 17FB7891; seguro que el sistema me echó de la arena nada más terminar la prueba. El buzón del Comunicador echa humo. Tengo 118 mensajes de Celsius sin abrir, así que mejor empiezo por el más reciente.

¿Mañana?

Los mensajes no dejan de llegar, el icono del Comunicador vibra como si fuera un martillo neumático en mi muñeca.

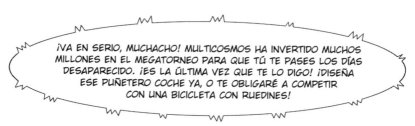

¡VA EN SERIO, MUCHACHO! MULTICOSMOS HA INVERTIDO MUCHOS MILLONES EN EL MEGATORNEO PARA QUE TÚ TE PASES LOS DÍAS DESAPARECIDO. ¡ES LA ÚLTIMA VEZ QUE TE LO DIGO! ¡DISEÑA ESE PUÑETERO COCHE YA, O TE OBLIGARÉ A COMPETIR CON UNA BICICLETA CON RUEDINES!

El Administrador Supremo me ha escrito un montón de correos para avisarme, encabezados con palabras que van desde «Importante», «Importantísimo», «Crucial» hasta «Más te vale que leas esto de una puñetera vez si no quieres que tu avatar se pase recogiendo basura virtual el resto de su vida». Vale, capto la indirecta.

Después de un montón de mensajes de admiradores, *haters* y empresas que me quieren patrocinar, llego hasta el correo con las indicaciones para la segunda prueba. Se celebrará mañana a las ocho de la noche y es imprescindible presentarse con un vehículo. Para ello, MultiCosmos regala 2.000 cosmonedas a cada rival, y por lo visto, soy el único Cosmic que todavía no ha diseñado el suyo. Menudo estrés... ¡Estoy currando más estas vacaciones que durante todo el curso!

Ya pensaré mañana otra excusa para escaparme del campamento; lo primero es contar con un coche. Hay un montón de planetas para amantes de los vehículos y es raro la escudería que no tiene sede en MultiCosmos, hasta la de los cochecitos de bebé. Pero esta vez no soy un perdedor que tiene que conformarse con un pegaso que come alfalfa cada media hora; ahora tengo un presupuesto molón.

Es hora de conocer un planeta para Cosmics de verdad, un planeta como Kartingrado.

Kartingrado
Galaxia M0n€¥
Modo: Comercio
Cosmics conectados: 6111551

Nada más cruzar la Entrada, retumban los pitidos de los altavoces del ordenador. El claxon es la banda sonora de Kartingrado. Enseguida salta la alerta de la barra de oxígeno; este sitio echa más gases contaminantes que un campeonato de pedos de vaca.

Se trata de una rotonda flotante, y los coches giran por arriba, por los lados y por abajo igual que si estuviesen en el ojo de un tornado. De vez en cuando un vehículo se salta un semáforo o adelanta de modo brusco; entonces los Cosmics de los coches de al lado se asoman por la ventanilla y gritan insultos que un scout no pronunciaría jamás. Hay tanta polución que el cielo parece un calcetín usado.

Los Cosmics recién llegados van directos de la Entrada al ascensor del garaje. Yo soy el único que va a la parada de autobús, una discreta marquesina al borde de la rotonda. El humo de escape es insoportable y el número de coches es tal que es imposible ver los edificios que hay detrás del tráfico. Por suerte, el autobús, una especie de bombona gigante con ventanillas y tubo de escape, no tarda en llegar. Pago al conductor la cosmoneda que cuesta el billete, pulso «Concesionario Fittipaldi» en la pantalla de destino y elijo un asiento del final. El bus viaja completamente vacío.

Bastan diez minutos de vuelo por Kartingrado para confirmar (si todavía cabía alguna duda) que es el planeta más contaminado de MultiCosmos. La superficie entera está cubierta de carreteras, unas sobre otras; tanto es así, que desde el espacio parece un ovillo de lana negra. Lo único que rompe esta monotonía son las rotondas, que se cuentan por millares y cada una está presidida por una pieza de arte digital, todas feísimas. Cuando observas el planeta de cerca, descubres que es puro alquitrán y no hay ni rastro de naturaleza.

Espera. ¿Estoy echando en falta la naturaleza? El campamento me está afectando a la chola.

Los coches se adelantan por cualquier lado, incluso por arriba, y los vehículos más grandes no tienen problema en echar a los pequeños al arcén; es lo que pasa cuando mezclas vehículos de distintos tipos y épocas. Un Gorrión Milenario acaba de sobrevolar un Mini descapotable y ha chamuscado el peinado de la conductora, y eso que lleva la pegatina de «BabyCosmic a bordo». Para cuando reacciona, el otro ya ha desaparecido a la velocidad de la luz. Por un segundo me parece ver a un peatón, pero sólo es un semáforo con aspecto de guardia de tráfico.

Después de un trayecto eternizado por culpa del tráfico, y que habría recorrido el doble de rápido a pie si existiesen las aceras, llegamos a un moderno edificio con forma de cohete espacial, el concesionario. Nada más poner el pie en el suelo de alquitrán se enciende la pantalla de la marquesina con la última información del canal de noticias.

—¡Sólo faltan veinticuatro horas para la segunda prueba del MegaTorneo! La expectación por conocer los vehículos de los Cosmics competidores es máxima —narra la presentadora, un avatar con las pupilas como zafiros y cuerpo de reloj de arena—. Si hace unos días acompañamos a la fabulosa GlendaGlitter™ en la elección de su coche, hoy hemos podido conocer algunos·secretos de los vehículos de Spoiler y de Sidik4. Por otro lado, los coches del ex Usuario Número Uno y del Destrozaplanetas siguen siendo un misterio.

—¡Y dale con «Destrozaplanetas»! —le grito a la pantalla—. Sólo me he cargado *uno*. Eso es singular, ¡no plural!

He debido de gritar más alto de lo normal, porque un Cosmic delgado como un palillo y vestido con traje y corbata sale de detrás de la marquesina con la cara iluminada. Da un silbidito nada más leer mi nick. Enseguida aparece un Mob rodante con una cámara de vídeo donde tendría que estar la cabeza.

—¡Estamos de enhorabuena! ¡Vamos a poder grabar al Destrozaplanetas en su visita al concesionario!

Maldición, un periodista. Tengo que hacer como que no lo he visto.

—Eh... Preferiría hacer esto solo —le digo pasando de largo. El tío no se da por aludido y me empieza a seguir.

—Cuéntanos: ¿cómo afrontas la segunda prueba?

El Cosmic se llama Swen_A6 y no tardo en confirmar que es un reportero de la televisión por cable. Como mi identidad real es *top secret*, procuro mantener a la prensa a ocho galaxias de distancia, pero ya es demasiado tarde para huir. No puedo perder más tiempo, así que entro en el concesionario fingiendo que no me siguen. Por desgracia, eso es imposible.

—Tú como si yo no estuviese. —Silencio de cuatro milésimas de segundo—. ¿Qué opinas de la eliminación de SuperRouter y L@ia? ¿Crees que no estaban a la altura del MegaTorneo? ¿Has escuchado las últimas declaraciones de Qwfkr, «Voy a patearle el culo al Cosmic que me arrebató la primera posición», o sea, tú? ¿Crees que lo dijo con cariño o podría estar molesto por perder la corona de Multi-Cosmos?

Desenvaino la espada binaria y lo señalo con la punta, suficiente para que Swen_A6 cierre el pico. El reportero traga saliva.

—Vale, vale... Nos limitaremos a grabar imágenes. ¡Sin molestar!

Hasta ahora había conseguido esquivar a los periodistas. Evito los eventos de famosos y, por suerte, ninguno de ellos visita un tugurio como El Emoji Feliz. Si mamá se entera por la prensa de que su hijo es el Usuario Número Uno, me castigará sin natillas durante los próximos cincuenta años. Jamás me perdonaría que no le diera la primicia a su periódico, además de haberle ocultado la verdad. Por eso evito los reporteros, con la esperanza de que mi identidad secreta permanezca, pues eso, secreta.

Nada más entrar en el concesionario me saludan un par de Mobs superinteligentes. Por lo visto, ya han recibido la visita de otros competidores antes que yo, y saben perfectamente a lo que vengo. Parecen dos hermanos gemelos y hablan cada uno terminando las frases del otro:

—Usted necesita un vehículo potente, una bestia de la carretera, un prodigio de la ingeniería...

—Y a la vez hermoso, una pieza de diseño, una obra de arte digna de un campeón...

—Las carreras del mundo real son un aburrimiento: los vehículos son idénticos y cada vuelta es un calco de la anterior...

—En MultiCosmos, al contrario, las leyes de la física cambian al antojo del organizador, y un coche puede tener tantas prestaciones como puedas permitirte con tus cosmonedas...

—Las posibilidades son infinitas.

—El circuito es un misterio que sólo los Masters conocen —apunta Swen_A6 sin que nadie le pregunte. Ha aguantado dos minutos en silencio—. Si me permites un consejo...

—Denegado —le corto de mala gana.

—... elige un coche llamativo, algo viral, un vehículo que llame muuucho la atención. ¡Quedará fetén en la tele! —Me guiña el ojo en señal de camaradería. Yo me limito a rozar la espada binaria con la punta de los dedos, y él se calla de inmediato.

Por la cinta transportadora pasan una moto de carreras, una tartana, un cohete chino, un camión de la basura con acelerador de llamaradas... Los hay de tierra, de aire y de agua, pero también etéreos (para viajar por los sueños), temporales (los hay que quieren viajar al MultiCosmos del pasado) y hasta metafísicos (aunque los Mobs lo desaconsejan. «No lo entenderías», me advierten). El catálogo es infinito, pero ninguno me convence, hasta que finalmente el Mob ingeniero me propone al oído:

—Existe una posibilidad para clientes... exclusivos. —Pongo la oreja para no perder detalle. El periodista y su cámara están distraídos tomando planos del cochecito-bebé—. También puede diseñar su vehículo propio. Sólo tiene que elegir las piezas de los que más le gusten.

—¿Como yo quiera?

—Por supuesto. Siempre y cuando pueda pagarlo. —Al Mob se le iluminan los ojos con el símbolo de la cosmoneda. Literal.

Después de probar más combinaciones que el menú de un restaurante chino, por fin lo tengo. Pulso «Enter» y la

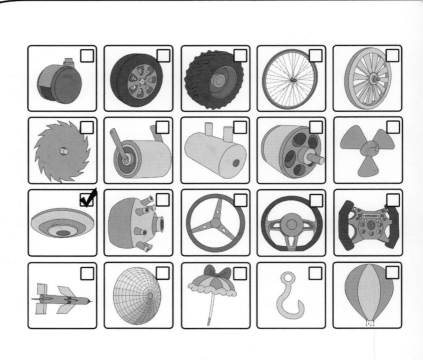

caja de fabricación expulsa mi flamante vehículo igual que un hueso de aceituna. ¡Ha quedado increíble! El vehículo se va haciendo más y más pequeñito en el aire hasta que cae directo en mi mochila de Pandora, listo para transportar.

—Tendrías que haberle puesto luces fosforescentes —dice Swen_A6. Está mosca porque no ha podido abrir el pico durante la selección—, hubiese quedado espectacular.

Pero Swen_A6 todavía tiene una última pregunta, y es precisamente ésta la que me deja KO, petrificado, en *su-*

Diseña y dibuja un vehículo con los siguientes requisitos para la carrera:
Ruedas todoterreno.
✔ **Sistema de levitación.**
Escudo protector.
Arma defensiva.

---

pershock y todas esas palabras que usa Rebecca para contar que el malote del instituto la ha mirado de reojo por una micromillonésima de segundo:

—Disculpa, Destrozaplanetas: ¿qué les dirías a los que opinan que tendrías que estar eliminado de la competición? Te desconectaste de la prueba del caserón antes de concluir, cuando todavía nadie se había hecho con la corona del Rey de los Fantasmas. Algunos dicen que la primera fase iba a eliminar a cuatro de los ocho rivales, pero tu huida provocó que los Masters decidiesen eliminar sólo a dos para mantenerte dentro del juego. Responde: ¿hay favoritismo con el Usuario Número Uno? Mejor dicho, ¿eres consciente del enchufe que tienes con ellos?

—Eso no es verdad. ¿Cómo que cuatro eliminados?

—Cada prueba elimina a la mitad de los rivales hasta llegar a la final. Ocho Cosmics, cuatro y dos; es básico. —Swen_A6 pone los ojos en blanco, como si estuviese explicando sumas a un niño pequeño—. Pero si eliminasen al Usuario Número Uno al principio, el público perdería interés. Por eso dicen que han amañado la prueba, para mantener la audiencia.

—¿Por qué los Masters iban a querer protegerme? —pregunto con sinceridad. No soy más especial que el resto, y sólo llevo tres meses como Usuario Número Uno. Qwfkr lo ha sido durante siete años—. Yo... no sé si hay favoritismo.

Pero mi cara debe de ser de panoli integral, porque Swen_A6 se vuelve a cámara y sentencia el reportaje:

—Ya lo han oído: el Destrozaplanetas «no sabe» si ha habido favoritismo.

—¡Oye! ¡No pongas las comillas! ¡Yo no he dicho eso! —protesto al leer el globo de diálogo.

Si responde a continuación, eso ya no lo sé, porque suena un crujido de madera más fuerte que su voz. Y ese crujido no proviene de Kartingrado, donde la única madera es la de la guantera de los coches caros. Ese sonido proviene de fuera de la casa-árbol, en la copa de la secuoya, donde está mi yo real.

\<Aurora\>

Crac, crac, crac. El ruido de unos pasos sobre los tablones es inconfundible. Contengo la respiración mientras el dueño de esos pies se acerca hasta la puerta de la casa y se detiene un segundo. Mi primer impulso es esconderme debajo de la mesa.

Desde mi escondite veo como la puerta se abre de una patada y unas piernas gruesas enfundadas en unos leggins negros entran en la habitación. Bueno, las piernas tienen un dueño, sólo que no alcanzo a verlo desde mi posición. Calza unas zapatillas de montaña cubiertas de barro hasta la lengüeta, y se mueve de lado a lado de la estancia. Estoy pensando que acudir a la llamada de una red wifi es la idea más tonta que he tenido nunca, cuando de pronto las piernas (y el resto del cuerpo, a menos que sea el Monstruo de las Piernas Sueltas) se detienen en medio de la sala y las puntas de las zapatillas señalan de pronto hacia mí. El Trasgo, tiene que ser el Trasgo. Como si no hubiese visto suficientes películas como para saber que siempre hay un malo y nunca es buena idea acudir a su guarida. Me quedo tieso en mi sitio, intentando contener la respiración. El problema es que cuanto más intento aguantarme, más ganas me entran de respirar, un misterio de la ciencia, y me pongo morado por momentos. Estoy atento a los pies, por si acaso saltan sobre mí (todavía no descarto la teoría del Monstruo de las Piernas Sueltas), cuando el intruso (vale, el intruso técnicamente soy yo, pero ¡yo me entiendo!) deja caer un bulto al suelo.

El golpe de la bolsa contra el suelo me pilla por sorpresa, y del susto me doy contra la mesa. Para empeorar las cosas, suelto un «¡Ay!» inconfundible. ¡Repíxeles, estoy perdido! Sólo me queda una salida:

—Iiiiiiiiiiii... Iiiiiiiiiiii. —Estoy imitando el sonido de las maderas, a ver si con un poco de suerte el Monstruo de las Piernas Sueltas lo confunde y se olvida de los ruidos raros—. Iiiiiiiiiiiiiiiiiii, i, i, i...

Al terminar el momento más patético de mi existencia, se hace un silencio tenso en la habitación. Oigo la respiración agitada del Monstruo de las Piernas Sueltas, como si sospechase que pasa algo raro.

Intento huir por detrás de la mesa, pero choco con un armario. Para empeorar las cosas, con el impacto los objetos de la estantería tiemblan y me cae un frasco de cristal encima, desparramando un montón de ojos viscosos. Me levanto para huir, pero en un golpe de mala suerte tropiezo con la silla y doy una voltereta olímpica que me envía directo al suelo. Menos mal que caigo en algo blandito... hasta que me fijo que se trata de la bolsa, y que está llena de conejos muertos, con más sangre que la nevera de Drácula. Vuelvo a chillar (foca marina *style*) y gateo como puedo hasta la puerta, pero está cerrada. Con llave. Ahora sí que voy a morir.

—¡¡¡Abuelooooo!!! —grito a la desesperada. Un intento un poco idiota, porque el abuelo está sordo como una tapia y no me oiría ni en la misma habitación.

Las piernas del Trasgo vienen hacia mí. Tengo que agarrarme la cabeza con las dos manos para detener el tembleque y poder mirarlo a los ojos. Al enemigo, de cara. Y a la muerte, de frente.

Sobre las piernas veo un montón de pieles rojas, las mismas que me acecharon el otro día en el bosque. Voy a morir. Y sobre las pieles, para coronar el monstruo..., asoma una cabeza de cabello rizado y ojos como pelotas de pimpón.

—¡Anda, tengo un invitado!

Mi «inminente» asesino es una mujer menuda, con expresión permanente de susto en el rostro y el pelo recién sacado de la secadora. Enseguida se da la vuelta y se pone a trastear por la estancia: se echa un conejo muerto al hombro, recoge las cebollas que he tirado al suelo (uy, pues no eran ojos humanos... ¡Qué cosas!) y camina hasta el otro extremo de la habitación, donde hay un hornillo y utensilios de cocina. Después empieza a desollar el animal mientras me observa de reojo.

—¿Es que no vas a decir nada? Te presentas en mi laboratorio, coges prestado el ordenador y ni siquiera traes unos bombones.

—Quién... ¿Quién eres tú?

—Blancanieves, ¿no te fastidia? —La extraña despelleja el conejo de arriba abajo. Voy a vomitar—. Me llamo Aurora. ¿Y tú?

¿Yo? Yo no pienso decirle nada hasta que no me aclare unas cuantas dudas.

—¿Qué haces viviendo en la copa de una secuoya? ¿Para qué son todas esas herramientas? —digo, refiriéndome a los cachivaches que cuelgan de las cuatro paredes y el techo—. ¿Hay alguien más contigo?

—Soy ornitóloga.

—¿Fabricas hornos?

Aurora lee en mi cara mi ignorancia.

—¿Qué os enseñan en el instituto? Ornitóloga, estudio las aves. Por eso vivo en las alturas. —Ahora todo cobra sentido. A través de la ventana veo un montón de nidos y jaulas. También hay varios pájaros disecados en la estantería. De pronto la casa-árbol no me resulta tan rara. Aurora termina de preparar el conejo y lo levanta para enseñármelo, satisfecha—. ¿Te quedarás a cenar?

A continuación, Aurora y yo hacemos las presentaciones normales, lo lógico cuando acudes a la casa de alguien sin avisar. Mi nueva amiga está un poco pirada, pero yo también lo estaría si viviese solo en una cabaña del bosque y me conectase a internet con la energía de un molinillo. La casa-árbol se abastece con sus propios recursos, pero como Aurora no necesita nada de fuera..., me da que se le ha ido la pinza. Por lo visto, no pasan muchos excursionistas por aquí. Y, por lo visto, soy la primera persona con la que habla desde hace semanas.

Casi da saltos de alegría cuando le pido volver mañana, y ni siquiera me pregunta para qué necesito el ordenador.

—¡Qué malo es ese Jota! —protesta después de que la

ponga al día—. Puedes venir aquí cuando quieras. Ya se nos ocurrirá algo para distraerlo.

Estoy terminando de cenar (el conejo está más rico de lo que pensaba) cuando echo un vistazo al reloj y casi me atraganto. ¡¡¡Llevo tres horas fuera!!! ¡Seguro que me están buscando!

Me dirijo rápidamente hacia la puerta y comienzo a descender por la larguísima escalerilla de cuerda. Aurora me dice las últimas palabras desde arriba:

—¡Vuelve mañana, por favor! —Suena desesperada por un poco de compañía. Tengo que regalarle un cactus—. ¡Yo me ocuparé de que no noten tu ausencia!

Una vez he llegado al suelo, pongo el turbo y echo a correr de vuelta al campamento.

Son casi las once cuando entro en el campamento base. Todavía no he llegado a las tiendas de campaña y ya puedo escuchar cómo me llaman a gritos. Me temo que la he vuelto a liar.

—¡Tranquis, estoy bien! ¡Sólo me he perdido! —grito por encima de las demás voces. Bajo hasta la zona cero, junto a la Rueda, el comedor al aire libre y las tiendas principales, y allí me encuentro con Alex organizando a una docena de scouts. Su cara al verme es un poema épico. Se acerca corriendo hasta mí, me abraza y después me da un pellizco jamonero.

—¡Esto es por el miedo que me has hecho pasar, animal!

Mi amiga me pega la bronca del siglo. Durante cinco minutos tengo que escuchar una crónica detallada de sus últimas horas, como si en vez de desaparecer yo hubiese sido ella.

—¡Lo único que pensaba era que no sobrevivirías ni una noche en el bosque! —grita delante de los demás. Está más nerviosa que un ratón en una convención de gatos—. ¡Con lo patoso que eres, podrías haberte caído por un precipicio, ahogarte en el río o meterte en la cueva de un oso!

—Gracias por dejarles claro a todos que soy un torpe. ¡Me he despistado un poco, nada más! Tuve que ir lejísimos para encontrar leña.

—¿Y dónde está la leña? —me pregunta mirando mis manos vacías. Repíxeles, no había caído en que tendría que volver con algo.

—Eh... La he perdido. ¡¿Ahora te preocupas por la leña?!

Con todo, Alex se alegra muchísimo de verme, aunque se haya puesto morada de los nervios. Poco a poco el campamento regresa a la normalidad. Me muero de ganas por contarle mi encuentro con Aurora, pero mi amiga siempre está rodeada de scouts y es imposible tener una conversación privada con ella. Cenamos más tarde que nunca por culpa de mi desaparición. Los Tres Viciados y yo nos sentamos juntos, aunque noto que el resto de los scouts tienen su atención puesta en mí.

—Eres el prota del día, macho —me dice Lucas—. Tendrías que haber visto a Alex... ¡Se ha puesto a dar órdenes como una metralleta!

—Puede ser un poquito intensa —reconozco. Lo de «poquito» es una forma de hablar.

—Alex quería llamar al Servicio de Emergencias, pero el imbécil de Jota le ha prohibido usar el teléfono del campamento. Dijo que tenías que aprender a volver tú solito. Los otros monitores casi se rebelan. ¡Ha molado mucho!

La noticia hace que me sienta orgulloso de mi mejor amiga (y que odie todavía más al cretino de Jota, aunque me alegro de que no haya llamado a Emergencias. A ver cómo le explicaba yo al piloto del helicóptero del 112 que el MegaTorneo es un asunto «urgente»). Claro que la alegría no dura eternamente... Antes de terminar la cena, la sombra de Jota cae sobre mí, y trae consigo su sonrisa sádica.

—Vaya, vaya, vaya... El novato se ha dignado a regresar. Sabes qué toca ahora, ¿verdad?

No necesito que diga más. Yo mismo camino directamente hacia la Rueda. Ha pasado demasiado tiempo desde la última vez que la hice girar.

‹Carrera a muerte›

Al día siguiente ya no queda nadie que se acuerde de mi escapadita. Bueno, sí: mis piernas, pero sólo por las agujetas que me ha dejado la Rueda. Empiezo a cansarme de la dictadura de Jota; sin embargo, cuando tus únicos aliados son tres frikis que se sienten perdidos lejos de un ordenador, no hay nada que hacer, y menos organizar una evasión. Los scouts obedecen sin rechistar, aunque después de que Jota haya castigado a medio campamento por tonterías, cada vez encuentra menos apoyos. La única persona fiel a su jefatura sigue siendo Alex, y más después de lo de ayer, cuando se anotó un tanto: en verdad no hacía falta ir a buscarme, porque ya volví yo solito. Para ella, Jota es el mejor scout del mundo.

Me paso el día mirando la hora en el reloj. La segunda prueba del torneo comienza esta tarde y no se me ocurre ninguna excusa para volver a desaparecer e ir hasta la casa-árbol. Aurora me prometió que idearía un plan, pero no tengo ni idea de qué se le habrá pasado por la cabeza. Su cerebro está lleno de pajaritos cantores.

A las seis, mientras la patrulla Chorlito se encarga de limpiar las zonas comunes, escucho un silbido a varias secuoyas de distancia. Los Tres Viciados están tan entretenidos en su discusión de espadas contra tirachinas que ninguno se da cuenta de la presencia de Aurora. Tengo que fingir que voy un momento al baño para hablar con ella.

—¡¿Qué haces aquí?! —le digo nada más verla—. Podrían verte, y no sé qué explicación les darías.

—Lo tengo todo controlado. ¡Estoy lista para suplantarte!

Me entra la risa en cuanto la observo con atención. Aurora ha dejado su chaqueta de mujer-bisonte del día anterior y en su lugar lleva un uniforme scout con pañoleta que le está enano y una peluca de conejo disecado (mi pelo NO ES ASÍ).

—¿Se te ha ido la olla? —Vale, menuda pregunta. Está más loca que una fan al lado de Justin Bieber—. Yo nunca llevo uniforme. ¿Cómo te vas a hacer pasar por mí? No nos parecemos en nada. ¡Tú eres chica y yo soy chico! Aparte de que tienes como cien años más que yo, sin ánimo de ofender, ¿eh? Esto va en serio, Aurora. ¡Ayer me metí en un lío por desaparecer durante tres horas! Necesito una coartada mejor.

Mi doble saca una especie de globo pequeño del bolsillo del uniforme y lo aprieta a un palmo de mi nariz. De pronto nos cubre un pestazo tan asqueroso que me dan ganas de vomitar. Aurora se parte de risa, mientras yo casi gateo del asco. Es una bomba fétida.

—Tú sólo tienes que fingir que estás enfermo y acostarte. Entonces haremos el cambiazo, y si alguien acude a tu tienda para ver cómo estoy, activo el dispositivo Hedor Fatal. Nadie querrá acercarse a menos de veinte metros.

—¡Es vomitivo! —le digo con la nariz tapada. Aunque,

pensándolo bien, es un plan bastante bueno... Un plan, al fin y al cabo, que es más de lo que yo tengo—. Pero puede funcionar —rectifico—. ¡Vale, lo haremos así! Pero prométeme que no saldrás de la cama. Volveré tan rápido como termine la prueba.

Unos minutos después ya estoy en la enfermería con los Tres Viciados. No paran de decirle a Alex que me encuentro fatal, y mi amiga culpa de mi estado a las horas que estuve ayer en medio del bosque. Yo intento quitarle hierro al asunto, no sea que se preocupe demasiado por mí. No sé cómo reaccionaría si le contase la existencia de Aurora y la casa-árbol, así que prefiero reservármelo por ahora. Siempre puedo decir eso de «Estaba a punto de contártelo».

—¿Seguro que no quieres que llamemos a un médico? —me dice sentada a los pies de la camilla. Yo niego con la cabeza.

—Qué va, sólo necesito descansar... y un cubo para echar la pota. ¿Quieres ver cómo vomito?

—Pues no. —Alex ya se está levantando para salir, preocupada por que le alcance la ola—. Prométeme que me avisarás con un grito si te encuentras peor, animalito.

—Prometido; si la palmo, te aviso. ¿Crees que Jota me mandará a la Rueda?

El chaval se crece con el sufrimiento ajeno. Como sospeche de mi enfermedad y se presente en la enfermería en mitad de la prueba, no va a haber pestazo a vómito que lo asuste. Pero cuando lo menciono, a Alex se le iluminan los ojos.

—¡Jota querrá que te recuperes pronto! Es un cielo...

Sólo le faltan dos corazoncitos en los ojos. De pronto recuerdo la teoría del TriViciato y entonces sí que quiero vomitar de verdad.

Cuando Alex sale de la tienda de la enfermería y cierra la cremallera, Aurora se cuela por debajo de la tela de una de las paredes y hacemos el cambiazo. La última vez que miro a la cama la veo poniendo cara de enferma, no ha tardado un segundo en ponerse en el papel. Debo de estar loco para aceptar su plan, pero no hay tiempo para lamentaciones. Corro en dirección a la secuoya de la casa-árbol con cuidado de que nadie me vea. Tengo una carrera que ganar.

No sé cómo lo hago, pero los ordenadores de mi vida siempre están bien arriba: o en el desván de casa, o en la copa de una secuoya. Me gustaba más cuando sólo tenía que subir dos plantas.

De nuevo en la casa-árbol, me pongo cómodo en el asiento e inicio sesión.

Escribe tu usuario y contraseña:

MultiCosmos me recibe con fuegos artificiales, y no es una forma de hablar. En vez de reconectarme con el último mundo que visité, es decir, Kartingrado, aparece en el centro de la pantalla un aviso. Es el vínculo directo a la arena de Beta2. Aprieto sin vacilar y mi avatar se materializa en una amplia habitación, con una veintena de miniMobs corriendo de un lado a otro. Son adorables: nada más verme, saltan cuatro sobre mí y empiezan a cambiarme de ropa. Intento resistirme, pero es inútil. Uno de ellos me golpea con un tampón en la cara, y sospecho que es su torpe intento de maquillarme. Estos bichitos tienen algún problema de programación.

—¡Por fin llegas! —exclama Celsius, que estaba esperándome en una esquina de la sala. Ha cambiado su capa habitual por un traje de gala. Juraría que se ha puesto una lentilla verde en el ojo del centro, pero no me atrevo a preguntar—. En cinco minutos arrancará la carrera. Como vuelvas a desaparecer antes de tiempo, te juro que te convertiré en residuo virtual.

Lo dice con una sonrisita amable, como quien da los buenos días.

—Yo también me alegro de verte —respondo mientras los miniMobs terminan de arreglarme. Cuando ya me han transformado en una especie de superhéroe de segunda B, se dan por satisfechos y me arrastran hasta la puerta. Celsius camina a mi lado, contento con mi transformación.

—Va a ser un espectáculo sin igual, ¡la primera gran carrera de MultiCosmos! La primera prueba del MegaTorneo ha sido la retransmisión de internet con más audiencia de la historia, un hito sin precedentes. ¡Le hemos robado toda la audiencia a la Copa Intercontinental! ¡Ja! Quién se acuerda ahora del mundo real, ¿eh? —Las llamas de su corona chisporrotean de la emoción—. Ahora tendrás que responder a unas preguntas de los periodistas. ¡Procura dejarme bien!

La puerta se abre y Celsius prácticamente me echa a las fieras. Una docena de periodistas y Mobs cámaras me rodean de camino a la arena. Lanzan las preguntas como proyectiles mientras yo me defiendo con escuetos «Sí», «No» y «No sé». Swen_A6 está entre ellos y no duda en sacar a pasear el codo para hacerse con el mejor sitio:

—Algunos Cosmicólogos opinan que tu coche no tiene nada que hacer al lado de los vehículos de Sidik4, Spoiler y, sobre todo, Qwfkr. ¿Qué respondes a las críticas?

La asistente de la organización me separa del grupo y me escolta hasta el acceso al circuito. La prima rara de Lady Gaga ha elegido para la ocasión un vestido de semáforo, y cuando se pone en rojo, los periodistas se alejan refunfuñando. Se despide cuando llegamos a la arena.

Nada más salir al exterior, una multitud vocea mi nick. ¡Es un flipe! Tengo más pancartas que nadie y la holopulsera me chiva que sumo mil seguidores nuevos por segundo. Me siento como una estrella del rock.

El estadio del planeta Beta2 ha cambiado completamente para adaptarse a la carrera. Las gradas se han separado del centro para dar cabida a un circuito con más giros que una caja de muelles, envuelto en una especie de nebulosa negra que no me inspira buen rollo y no da ni una pista de lo que me espera. Voy hasta la marca de salida, donde

ya están casi todos mis rivales junto a sus vehículos. Lo de
«vehículos» es un decir, porque cuando los veo, me pregunto si no habré sido un pardillo al pensar que sería una
carrera con ruedas. En MultiCosmos debes esperar cualquier cosa.

—¡#Holiiiii!

Un maniquí vestido de color rosa chicle se aproxima a mí
dando saltitos. Es la mismísima GlendaGlitter™, la famosa
de la tele. La han vestido como una muñequita y todo en
ella hace juego, desde el casco hasta el cochecito que tiene
al lado, una especie de silla de peluquería con un tubo de
escape de avión pegado. La Cosmic me aprieta contra su
cuerpo, levanta el brazo y hace un selfi con la holopulsera.

—¡Qué #superguay, iiiiiiiii! —El chillido casi revienta los altavoces del ordenador de Aurora—. Mis seguidores te aman, #love. ¡Tenía #superganas de conocerte!

No puedo decir lo mismo, pero hay un montón de cámaras enfocándome y no quiero sonar grosero.

—Vaya, gracias. Espero que estés recuperada del ataque del mayordomo zombi... —Es lo único que se me ocurre decir. Es increíble que sobreviviese al caserón fantasma sin saber un solo comando—. Mucha suerte en la carrera.

—¡#Supersuerte para ti también! —GlendaGlitter™ me da la espalda y mira de frente a las cámaras, como si hablase directamente a los millones de personas que nos ven desde la tele, el móvil o el ordenador—. Seguro que me va de #megalujo porque uso champú acondicionador GlendaGlitter™ Beauty, la marca favorita de la gente #cool. ¡Descubre la nueva versión para avatares Cosmics!

Me piro antes de que me obligue a probarlo, que aquí no hay botón de «Saltar publicidad». El resto de los vehículos ya están preparados en la línea de salida en el mismo orden en que quedaron en la primera fase, así que me coloco en el último lugar, justo detrás del #CursiCoche de GlendaGlitter™; delante está Hikiko, el rival fantasma, que flota sin vehículo a varios palmos del suelo. ¿Estará esperando al último segundo para sacar el coche de su inventario? Unos píxeles más allá está Spoiler, el ninja granate, esperando al lado de un fiero guepardo con coraza, una especie de gatito asesino al que dan muchas ganas de achuchar. Me saluda con la mano al verme. Este Cosmic es muy raro, como si se olvidase de que aquí estamos para competir. Antes o después tendremos que enfrentarnos a muerte. Sidik4, la número dos en la salida, tiene un patín a propulsión debajo del brazo. Para protegerse de las caídas, lleva gomas en las rodillas y los codos y se ha puesto un pañuelo con casco incorporado. Sus gafas de piloto le dan un aire de lechuza. La chica árabe practica comandos de estiramientos mientras un gran sector del estadio corea su nombre.

El último Cosmic, o el primero en la línea de salida, es el mismísimo Qwfkrjfjjirj%r, alias Qwfkr, plantado junto a su reluciente moto. Un solo segundo en que nuestras miradas se cruzan es suficiente para que su odio me desborde. El ex Usuario Número Uno hace una mueca de desprecio que no pasa desapercibida para las cámaras que cubren el evento, y se escucha un «uuuy» por todo el estadio. Menuda provocación.

—¡Eh, tú! —le digo acercándome—. Creo que no nos hemos presentado.

Mi saludo lo pilla por sorpresa y casi no sabe cómo reaccionar al verme a su lado ofreciéndole la mano. Hace unos segundos se burlaba de mí delante de millones de espectadores y de pronto me acerco como si nada. Está más perdido que un troglodita en un ciber.

El avatar me estrecha la mano contrariado, ante la atenta mirada del público. Una cámara hace un primer plano de nuestras manos, la señal del juego limpio del MegaTorneo: el actual campeón con el anterior. No dejo de sonreírle un solo segundo, aunque mi cara será otra si se le ocurre sacar su mascota serpiente del inventario.

—Todavía no había tenido ocasión de felicitarte por conseguir el Tridente de Diamante. —Destila odio con cada palabra que pronuncia, pero no puede atacarme antes de que salte la luz verde de la carrera—. Supongo que tu vida habrá cambiado mucho desde entonces...

—Bueno, no tanto —digo con indiferencia, tirándome un farol—. Como nadie conoce mi identidad, puedo seguir yendo al instituto como si nada.

Puedo sentir cómo la expresión de Qwfkr se tensa y en las gradas estalla una ovación. Mi metedura de pata es de proporciones épicas: ¡ahora saben que todavía estoy en el instituto! No soy precisamente un genio guardando secretos. ¿Qué será lo próximo que revele a cámara? ¿Mi dirección postal?

Regreso a la parrilla de salida antes de que vuelva a pifiarla, mientras Qwfkr se anota otra victoria. ¡Genial, soy idiota! Me coloco en mi sitio y saco el vehículo comprimido de la mochila de Pandora. La canica se amplía hasta su tamaño real antes de tocar el suelo. El estadio grita de entusiasmo al ver mi coche; bueno, yo creo que es entusiasmo, pero podría ser otra cosa. No tengo instalado el diccionario de hinchas en la holopulsera.

El enorme pantallón flotante cambia la imagen general del circuito para mostrar el careto de Celsius en primer plano. Detrás de él se ven cinco siluetas oscuras, los perfiles inconfundibles de los Masters, más misteriosos que un huevo Kinder Sorpresa. El Administrador Supremo da las buenas noches (o días, o tardes, según desde dónde nos vean) y da comienzo a la retransmisión.

—¡Seis Cosmics compiten en la segunda prueba del MegaTorneo! —grita al micrófono. Su voz suena amplificada por los altavoces—. Ninguno sospecha las sorpresas que el circuito les depara, pero podemos asegurar que será la carrera más emocionante que jamás hayan visto. Rivales: ¡preparaos! Comienza la cuenta atrás: ¡tres! —Subo al coche—. ¡Dos! —Piso el embrague. Escucho el rugido de motores, y guepardo incluido—. ¡Uno...! ¡¡¡CERO!!!

Mis rivales salen disparados como proyectiles, mientras mi coche sigue clavado en la marca de salida. Aporreo el comando Ctrl + ! como un mono, pero el coche no se mueve ni un píxel de su sitio. Entonces veo que una sombra escurridiza huye del motor, una sombra con forma de serpiente, pero demasiado veloz para que ninguna cámara repare en ella.

Un grupo de miniMobs vienen al rescate. Nada más abrir el motor, noto que algo va mal, muy mal: hay cables mordisqueados por todas partes y los tubos echan un humo espeso. Este coche sólo se movería si lo disparasen con un cañón.

—¡El actual Usuario Número Uno no levanta cabeza! —brama Celsius por el megáfono—. Después de una desastrosa participación en la prueba de los fantasmas, parece que su papel en la carrera se va a reducir a la de mero espectador. ¡Una lástima para el Destrozaplanetas!

—¡¡¡Que no me llamo así!!! —le grito a la cámara más próxima.

Me niego a que me descalifiquen tan rápido. Los miniMobs no pueden hacer nada con el motor, pero seguro que hay alternativas. Me dirijo al jefe de los ayudantes y le pregunto si hay algún coche de repuesto, pero niega con la cabeza. ¡Repíxeles, tendría que haber pensado un plan B!

Junto a los miniMobs hay un carrito de pista con forma de salchicha; es un cochecito de publicidad. Pero no tengo alternativa, y antes de que nadie pueda evitarlo, salto sobre el asiento del salchicoche y aprieto el pedal. ¡A toda pastilla hacia la meta!

Pero no; más bien, a velocidad de tortuga hasta la meta. El carrito avanza tan lento que los banderines de los retrovisores ni siquiera se levantan. Estoy haciendo el mayor ridículo de la historia; las ovaciones de antes se han transformado en sonoras carcajadas. El coche-salchicha no tiene nada que hacer al lado de los vehículos de carreras.

Estoy a punto de parar y saltar del coche, vencido, cuando algo cambia. Después de que los rivales se hayan repartido las cajas misteriosas del principio del torneo, han vuelto a aparecer otras nuevas en mitad de la pista, y como no hay nadie que compita por quitármelas, puedo pillarlas todas. Doy volantazos con el coche para que no se me escape ni una. El público debe de pensar que estoy mareado.

La primera caja misteriosa contiene un bidón de gasolina óptica. Nada más tocarlo, el carrito empieza a correr más deprisa; la siguiente caja contiene un motor de reacción. Pesan una tonelada, pero el carrito corre más ligero. En las siguientes cajas encuentro unas ruedas de todoterreno, un ambientador de pino (imprescindible para cruzar pantanos pestilentes) y unas alas de avioneta. ¡Y todo para mí! De pronto, el carrito de publicidad se ha convertido en un vehículo de carreras tan molón como el de mis competidores, y cuando vuelvo a teclear Ctrl + !, el trasto sale disparado a la velocidad de la luz. ¡Allá voy! El estadio enloquece a gritos.

Si quieres continuar con la carrera, ve a la página 154.

Si quieres elegir a Aurora, sigue leyendo.

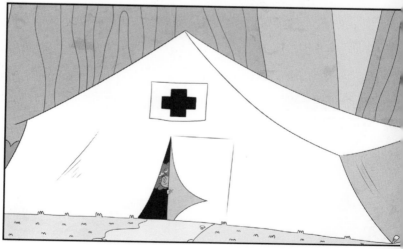

¡CLIC!

La aguja del velocipíxel del carrito llega a su tope enseguida, pero la holopulsera me informa de que estamos alcanzando los tres gigapíxeles por hora, más rápido que el tren bala de Tokio. Por cosas como éstas me flipa MultiCosmos (también porque si choco contra un muro, como mucho pierdo un ♥ de la barra vital). De nuevo siento el calor del público; nadie se esperaba la transformación. Vale, he tenido potra con las cajas misteriosas, pero ¡no es culpa mía que no haya tenido que repartirlas con mis rivales!

El circuito no podía empezar mejor: una docena de *loopings* para sacar el desayuno cósmico por la boca. El vehículo consigue superarlos (aunque pierdo el ambientador de pino en una de las vueltas) y al final del último rizo veo a mi primer rival: es GlendaGlitter™ con el coche rosa. Esos bandazos al volante son la prueba definitiva de que no tiene un *community manager* que maneje su avatar.

La carretera se transforma repentinamente en un lodazal. Nuestros coches quedan atrapados en el fango, pero activo rápido el motor de reacción y consigo librar mi coche del barro. GlendaGlitter™, sin embargo, está atrapada.

—¡¡¡Ayuda, porfiii!!! —Nunca ha visto tanta suciedad junta. El coche parece una piruleta bañada en chocolate—. ¡¡¡Esto no es nada #happy #love!!!

La famosa se quita el cinturón (rosa) asustada y se pone de pie sobre la carrocería. El lodazal borbotea a su alrededor y las pompas le salpican barro al vestido. Chilla igual que si le estuviesen clavando un millón de alfileres. Para empeorar las cosas, una burbuja estalla con fuerza y la cubre de lodo hasta las pestañas. Está irreconocible.

—¡¡¡Puaj, qué #superasco!!! ¡Sacadme de aquí! ¡¡¡Ayuda!!! #triste #maldía.

De pronto repara en que hay una cámara voladora grabándola en primer plano y le cambia la expresión. Un instante antes de perderla de vista, veo que saca un frasquito del bolsillo, sonríe al objetivo y aprovecha su última oportunidad de autobombo:

—¡Cero dramas! ¡La vida es #wonder! Si quieres ser tan #fabulous como yo, toma cada mañana Vitaminas Superoptimistas GlendaGlitter™, ¡la ayuda que necesitas para ser *cool*! Disponible en tu farmacia de #superconfianza.

La superfelicidad le dura poco: de pronto, una masa de barro del tamaño de una orca emerge del lodo y se la traga. El público contiene la respiración hasta que el Mob de barro eructa. Poco después, Celsius confirma por megafonía que GlendaGlitter™ ha caído. Todavía quedamos cinco.

Consigo abandonar el lodazal antes de agotar la batería del motor de reacción y vuelvo a la pista normal. La holopulsera me confirma que los otros rivales no andan lejos. Todavía tengo posibilidades.

De repente, el circuito se corta como un precipicio y caigo en picado. La pista se ha transformado en un tobogán gigante de roca donde los frenos no funcionan. La pendiente es de más de ochenta grados y el coche rebota peligrosamente sobre la pista. Saltan chispas a cada bote que doy. ¡Que alguien me pare!

Hikiko, el Cosmic fantasma, se queda atrás. La gravedad no afecta a los incorpóreos. El avatar vuela concentrado, sin alterarse por nada, mientras los otros luchamos por controlar los mandos y no chocar contra los muros laterales. Qwfkr hace eses con su moto para evitar una caída mortal, mientras que el guepardo de Spoiler intenta frenar con el culo. Su cola está tan despellejada que parece un abeto quemado. Ni rastro de Sidik4, que va en primera posición gracias a su patín flotante.

—¡Continúa la carrera! —brama Celsius. La pantalla es visible desde cualquier punto del circuito, que se monta y desmonta a medida que avanzamos. De otro modo no cabría en el estadio—. Parece que los competidores se acercan demasiado. Qwfkr y Spoiler pugnan por la segunda posición, mientras que el Destrozaplanetas les pisa los talones... o el tubo de escape. ¡No se despeguen de la pantalla!

Piso con fuerza el acelerador y consigo colocarme entre la moto y el guepardo. Las alas del coche chirrían contra sus hierros y saltan tantas chispas que parecen unos fuegos artificiales. Spoiler tira de las riendas de la montura para saltar y colocarse detrás, lejos del choque de trenes, pero Qwfkr no está dispuesto a dejarme marchar. Gira el manillar hacia la derecha y me aplasta contra el muro. El ruido del rozamiento resuena en todo el estadio, y las chispas se encienden hasta convertirse en llamas. Tengo que pensar algo si no quiero que me cocinen a la parrilla.

Doy otro volantazo a la izquierda para recuperar el control y arrojar la moto contra el otro lado. Mi embestida pilla a Qwfkr por sorpresa, pero esa cara de odio no me tranquiliza. Con el rabillo del ojo puedo ver cómo la serpiente asoma por el cuello de mi rival y me sisea con la lengua... Hasta que le golpea un pedazo de roca y tiene que hincar los colmillos en el hombro de su dueño para no salir disparada por los aires.

Viene un aluvión de rocas directo a nosotros, y no todas son tan pequeñas como el fragmento que acaba de pasar a un píxel de mi mejilla. Las hay grandes como rinocerontes, y se acercan desafiando las leyes de la gravedad. De pronto MultiCosmos no me parece tan divertido.

La avalancha de rocas consigue que Qwfkr y yo olvidemos por un rato nuestras rencillas. Agarro bien el volante y me pongo a esquivar los impactos. Las rocas son tan pesadas que hacen boquetes enormes en el circuito, para continuar de un salto hasta el siguiente objetivo. Una de las pequeñas impacta en el salchicoche y agujerea el depósito; empiezo a perder aceite como una fuente. Mi barra vital está al límite. Tengo que salir de esta tormenta de proyectiles antes de que me maten.

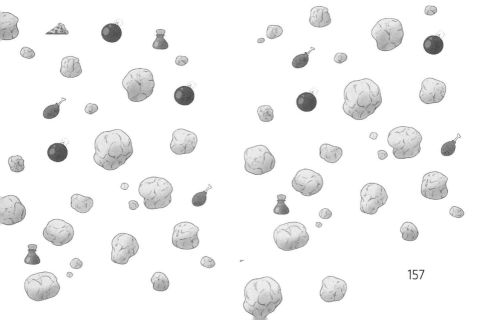

Alcanza la salida con sólo seis movimientos en línea recta cogiendo toda la comida y pociones.

Salida

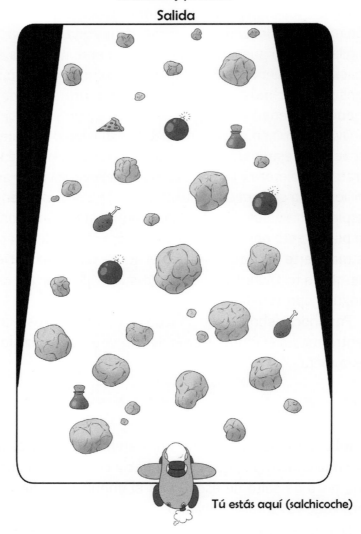

Tú estás aquí (salchicoche)

¡OMG! ¡He salido vivo por los pelos! Por el retrovisor veo como el fantasma de Hikiko consigue atravesar las últimas rocas sin inmutarse, mientras que el guante de Qwfkr convierte en polvos pipa-pica cada meteorito que osa acercarse demasiado. El último en salir de la zona de peligro es Spoiler, pero el guepardo cojea visiblemente mientras él le aplica un ungüento sanador en el flanco derecho. Dudo que consiga llegar muy lejos si mantiene ese ritmo. Me da un poquito de pena.

Qwfkr también ha descubierto la debilidad de Spoiler, y en vez de dejarlo atrás para que se recupere, no duda en girarse en la moto y lanzarle un objeto extraño. La retransmisión de la carrera capta la imagen, el público contiene la respiración en sus asientos. De pronto estalla una bomba de pegamento contra Spoiler y su guepardo; la detonación es tan fuerte que los tumba en el acto y caen inconscientes. ¡Maldito Qwfkr! Eso es juego sucio. ¡Spoiler no tenía ninguna oportunidad!

Por ahora debo dejar a un lado mis sentimientos y concentrarme en el último tramo del circuito. Ya veo las luces de la meta.

El tobogán megapixélico no dura eternamente, y al final hay una concavidad que apunta hacia el cielo igual que en una pista de salto de esquí. Con el impulso que llevo me temo que voy a volar muy alto.

Los zigzagueos de la moto de Qwfkr lo ayudan a rebajar

el impulso, pero el volante de mi coche salchichero no reacciona. Antes de que pueda evitarlo, cruzo la rampa y salgo disparado.

Desaparecen las rocas y en su lugar me encuentro con la nada, el espacio exterior. ¿Adónde he ido a parar? Durante unos segundos no puedo hacer otra cosa que mirar los cometas y meteoritos que se cruzan en mi camino, hasta que por fin consigo recuperar el control del salchicoche. Un miniMob me indica con su bandera que es el tramo final. ¡Sigo dentro! Unas sondas espaciales señalan la dirección hacia la meta.

—¡Yuju! —le grito a la cámara.

Sidik4, con su monopatín con motor de eones, me lleva ventaja. La chica se mueve entre la nebulosa con la desenvoltura de una surfera, y salta, se agacha y esquiva cada cascote de basura espacial que intenta derribarla. ¡Es un espectáculo! Pero, espera, no puedo distraerme ahora. ¡Sidik4 es mi rival! Tengo que adelantarla si quiero ganar el MegaTorneo. Claro que Qwfkr y su moto vienen detrás, y ha llegado a la misma conclusión que yo.

Una vez consigo recuperar el control de la salchicha, aprieto el acelerador y me pongo detrás de la Cosmic. La chica me descubre y aprieta con el talón para acelerar. A ratos consigo adelantarla, a ratos es ella la que me deja atrás. Y mientras tanto, tenemos que evitar los desperdicios espaciales que inundan el circuito: miles de sobres con la etiqueta SPAM, Mail Delivery Failure, newsletters del siglo pasado... Aquí es a donde van a parar todas las cuentas de e-mail abandonadas. Y mi frente tiene un imán para atraer los golpes. ¡OMG, cómo duelen!

Para darle más emoción a la carrera, el circuito sigue cambiando delante de nuestros ojos. Esta vez aparece enfrente una pasarela aceleradora. ¡Eso es justo lo que necesito para ganar! Y por lo que parece, Sidik4 y Qwfkr opinan igual. Enseguida nos apiñamos los tres en el centro del circuito para ser los primeros en alcanzarla. ¡Que se aparten, ese pasaporte a la meta tiene que ser mío!

Pero mientras pienso en el modo de adelantar a mis rivales, veo que Qwfkr aparta la mirada del horizonte y levanta su mano enguantada. Sé de lo que esa arma es capaz, ya vi cómo la utilizaba contra Sidik4 en la competición del Tridente. Ningún Cosmic decente se atrevería a hacerlo jamás, pero al ex Usuario Número Uno no le tiembla el pulso, y en plena pugna por conseguir la primera posición, me apunta con el dedo índice. Un segundo antes de disparar nos miramos intensamente, y reconozco que lo que veo me pone los pelos de punta: no es odio lo que transmite, sino algo más oscuro, algo demasiado extraño, como si sufriese por hacerlo, pero no le quedase más opción. El Cosmic frunce las cejas y dispara.

Lo único que se me ocurre es apretar el freno del carrito. Estiro de la palanca, paro en seco y lo siguiente que veo es cómo gira la galaxia a mi alrededor. Siento como si me centrifugasen. Tecleo el comando Ctrl + \ para frenar como si no hubiese un mañana.

Sé suficiente biología cósmica para saber que eso todavía se considera vida. Pero cuando por fin consigo estabilizar el salchicoche y volver al circuito, aunque sea con las tripas por sombrero, lamento darme cuenta de que el disparo de Qwfkr sí que ha golpeado un objetivo, aunque no he sido yo. Sidik4 se desvanece en pocas milésimas de segundo, pero todavía tiene tiempo de señalar al villano de Qwfkr y clamar venganza. Después desaparece por completo.

—¡La joven Sidik4 es la quinta en caer! —confirma la potente voz de Celsius por megafonía. Se escucha un lamento sincero entre el público del estadio; Sidik4 tiene un porrón de seguidores. Por suerte, sólo la ha eliminado de la carrera, no de MultiCosmos, como la otra vez—. Quedan tres Cosmics en el MegaTorneo, pero la final sólo admite dos. ¿Quién será el último descalificado?

Ha dicho tres, pero ¿quién falta? ¡Claro, Hikiko! El Cosmic fantasma no ha parado ni un segundo, y gracias a su avatar incorpóreo ha superado todos los escollos sin despeinarse. De pronto me adelanta por la derecha y todavía se permite el lujo de hacer una de esas reverencias japonesas, que no sabes si te está saludando o es que está buscando una cosmoneda que se le ha caído al suelo.

—¡Oye! ¡Iba yo primero!

Piso tan fuerte el acelerador que estoy a punto de hacer un boquete en el suelo del carrito. Hikiko se da cuenta y vuela aún más rápido, mientras Qwfkr va en primer lugar y está a punto de llegar a la línea de meta.

El bronce está muy bien para las estatuas del parque, pero en este torneo es más inútil que un móvil sin cobertura. Sólo los dos primeros llegarán a la final, y no puedo consentir que un asesino de avatares y un Cosmic con sangre ectoplásmica en las venas me arrebaten el triunfo. Mi cuerpo (real) pone también postura de velocidad delante del ordenador, por si acaso estoy haciendo resistencia al aire; aun así, el vehículo salchicha no logra más velocidad. Mientras tanto, Hikiko se acerca tranquilamente a la meta.

—Parece que ya tenemos los finalistas del torneo, los dos Cosmics que lucharán en la fase final... —anuncia Celsius por megafonía—. Qwfkr está a pocos segundos de alcanzar la meta. El carrito del Usuario Número Uno se está apagando en los últimos píxeles antes de la meta.

En la pantalla del estadio se aprecia cómo se mueven unas siluetas a la espalda de Celsius. Son los Masters, seguramente inquietos por conocer el final. Sin duda los he decepcionado, primero abandonando el caserón antes de terminar, y ahora con un miserable tercer puesto. Fueron muy enrollados cuando nos presentamos.

Y entonces se produce el milagro: en el espacio entre Hikiko y yo aparece de pronto una caja misteriosa. Ha surgido de la nada y parece colocada ahí justo para mí. Apunto con el volante hacia ella y cruzo los dedos para que no sea una bomba. Cierro los ojos por miedo a saltar por los aires. No me gustaría ver las vísceras de mi avatar viajando disparadas como cometas.

Pero no. Es un bidón de combustible exprés. Estoy flipando en colores. Lo vierto en el depósito del carrito y, *¡vualá!*, el vehículo salta como una bola de cañón hacia delante.

¡¡¡¡ME VOY A MATAR!!!!

Esto corre tan rápido que los mandos casi no responden. Tengo que concentrarme para no salirme del circuito. ¡Acabo de adelantar a Hikiko! Al japonés se le han puesto los ojos como dibujos de Manga al verme pasar cual estrella fugaz. Este cacharro sigue directo al final, y justo un segundo antes de que Qwfkr llegue a la meta, cuando el tipo ya está levantando los brazos para celebrar la victoria, consigo colarme delante con el cohete salchicha y arrebatarle el oro.

Epic Win

Mi jeta aparece en todas las pantallas al lado del título de «GANADOR». ¡OMG! ¡¡¡HE GANADO LA CARRERA!!! Qué cara se le pone a Qwfkr. ¡Está desencajado! Todo el sufrimiento ha merecido la pena sólo por verlo celebrar la victoria antes de tiempo. Todavía está con los brazos levantados cuando detiene la moto junto a mí. Los miniMobs me han sacado del salchicoche y me lanzan por los aires.

—¡Tú no tenías que ganar! —grita histérico—. Tienes a los Masters de tu parte. ¡No es justo!

Le lanzo un chorro a presión de la botella de zumo de pantone que acaban de pasarme para mi celebración. Se marcha por el momento, aunque sé que con él no puedo estar tranquilo. Esto de tener un archienemigo es más estresante que un examen de mates.

Los periodistas me hacen tantas preguntas que gastan el diccionario. Soy oficialmente finalista del MegaTorneo, y tendré que vérmelas en la fase final contra Qwfkr. Cerca del podio, en una enfermería improvisada, se recuperan los avatares caídos durante la carrera: Sidik4, de brazos cruzados y con cara de malas pulgas, se niega a que le tomen fotos; Spoiler se ha olvidado del espectáculo y está concentrado en su pobre guepardo, al que se le ha puesto el trasero del tamaño de una calabaza y no para de gemir (la verdad es que así no da ningún miedito); Hikiko está tan callado e inmutable como siempre, sin mostrar ninguna emoción, y la única a la que no le afecta la descalificación es GlendaGlitter™, quien aprovecha que un miniMob intenta quitarle los restos de barro de la piel para anunciar su nuevo producto exfoliante con barro auténtico de Multi-Cosmos.

Celsius levita hasta el podio y me estrecha la mano. Las llamas azules de su corona están chisporroteando, lo que significa que está de buen humor. Empieza a soltarme un rollo larguísimo sobre ruedas de prensa, compromisos de publicidad y un autógrafo para su sobrinita, pero le interrumpo antes de que me recite la tabla periódica.

—Tengo que pirarme. —Hace un montón de rato que desaparecí del campamento y no puedo arriesgarme por más tiempo. Aurora no podrá hacerse pasar por mí eternamente—. ¡Nos vemos!

—¡¿Cómo te vas a ir ahora?! —exclama enfadado. El ojo del centro me apunta con ira, pero ya casi he salido—. ¡La carrera ha duplicado la audiencia de la Copa Intercontinental! Tenemos a medio planeta pendiente de MultiCosmos; no te vas a ir hasta que des por lo menos cinco entrevistas.

—Diles que me envíen las preguntas al Comunicador. ¡Me voy!

Antes de que a Celsius se le ocurra sacar una cadena y atarme a él, aprieto «Esc», hago una salida forzosa de Beta2 y cierro sesión. Guau. He ganado la carrera. Estoy en la final del MegaTorneo, y lo he logrado desde un bosque de secuoyas, conectado a una red de internet que funciona con molinillos. ¡Soy el rey! Y ahora sólo tengo que regresar al campamento sin que me pillen para redondear un día cósmico.

<Haciendo amigos (y enemigos)>

Si he sido rápido en la carrera, mi vuelta al campamento pulveriza todos los récords. En menos de siete minutos ya estoy en la tienda de la enfermería, donde Aurora interpreta para mí su papel, tapada hasta la coronilla. Todavía no me creo que el plan haya funcionado.

En cuanto ella sale por la lona de atrás, Jota y Alex entran en la enfermería. De lejos oigo a mi amiga rogándole por lo bajini que no me moleste justo ahora, pero él no se cree que esté enfermo. Casi se le salen los ojos al verme en la cama, con cara de me-voy-a-morir. He ensayado mucho el papel, a mamá no se la cuela ni la CIA. Jota frunce el ceño, se da la vuelta y me deja en paz. Alex quiere quedarse a cuidarme, pero doy un brinco y salto de la cama:

—¡De pronto me siento muy bien!

Si tengo que pasarme la noche en la enfermería me muero del aburrimiento. Tampoco puedo arriesgarme a que Alex llame a una ambulancia, sobre todo después de la intoxicación del Jefe de Tropa.

—¿Cómo...? —Alex se muerde el labio inferior—. Si hace un segundo estabas...

—Pues ya me siento mejor. —Me pongo a dar saltitos para tranquilizarla—. Ha sido un virus pasajero.

—¿Un virus que sólo dura tres horas? —insiste mi amiga, incrédula.

—Lo he leído en internet —me invento—. Se llama «virus instantáneo»: un rato tienes el cuerpo del revés y al otro vuelves a estar como una rosa. ¡Nada alarmante!

Consigo convencerla para que me deje marchar, pero por la expresión de su cara, creo que no acaba de creerse mi trola. Tengo que contarle la verdad, pero no puedo arriesgarme a que su lado scout me prohíba visitar la casa-árbol de Aurora.

El día siguiente lo dedicamos a un juego de rastreo. Los scouts se fijan en cada detalle que los rodea, desde el moho de los árboles hasta el modo en que están rotas las hojas del suelo, y donde antes sólo veía un sendero del bosque ahora observo una autopista de paso animal. Alex nos explica que los murciélagos también pueden moverse en la oscuridad, valiéndose de ultrasonidos. Sin embargo, aunque me anima con mis progresos, el resto de la patrulla Chorlito no está dispuesta a ceder. El TriViciato se pasa hora y media discutiendo sobre las pisadas de Mobs en el planeta Jungle, así que otra vez somos el último equipo en terminar. Jota aprovecha la ocasión para volver a castigarnos y hacer girar la Rueda durante una hora. Ya corro sin darme cuenta.

Por la noche, después de la cena y la reunión, espero a que los demás se duerman para visitar la casa-árbol de

Aurora. Salgo del saco sin hacer ruido, abro la tienda en silencio y estoy a punto de marcharme cuando Tobías me pregunta adónde voy. ¡Repíxeles!, este niño tiene más oído que un lince en una feria de timbales.

—Tengo diarrea. —Pongo voz lastimera—. Y creo que es contagiosa.

Tobías se encoge en su saco, asustado.

Un rato después estoy en la casa-árbol, donde Aurora me espera. Está sentada en una butaca de la pasarela con un gato en el regazo, contemplando la luz de las estrellas. La científica me sirve una taza de chocolate, impaciente por conocer más historias del campamento scout. Se parte de risa cuando le digo que la mía es la patrulla Chorlito.

—¡Qué divertido! —exclama entre risas mientras se golpea las rodillas por la emoción—. ¡Chorlito, jajaja!

—¿Por qué te hace gracia? —digo avergonzado—. El chorlito es un pájaro. Tú deberías saberlo... como *orinocóloga*.

A Aurora se le congela la risa y pone cara de haber roto no un plato, sino la vajilla entera de la dinastía Ming. Se apresura a cambiar de tema:

—¿Qué tal fue ayer? Tenías que hacer algo importante.

—Más o menos —digo para no darme importancia, aunque participé en la carrera más vista de la historia. Vamos, lo típico para un chaval de doce años. Supongo que no pasará nada si me sincero un poco con ella; a fin de cuentas, me presta su ordenador—. No sé si conoces MultiCosmos, el videojuego-red social más flipante del universo...

Es una pregunta estúpida, porque todo el mundo conoce MultiCosmos. Es más famoso que los Beatles, la reina de Inglaterra y el Dalái Lama juntos. Pero Aurora continúa acariciando al gato como si le hablase del club de poesía del barrio.

—¿MultiCosmos? No lo he oído nunca. Mis pájaros me dejan muy poco tiempo para los juegos.

Ya me parecía que Aurora estaba un poco *p'allá* con su risa nerviosa y su casa-árbol, pero no conocer MultiCosmos es demasiado. Hasta el abuelo tiene cuenta (aunque eso fue porque le obligué, vale; necesitaba votos en un concurso a Mejor Patada Cosmic). Después de responder a su interrogatorio y recomendarle que le hable al gato para interactuar con alguien que no sea yo, consigo escabullirme de su charla y me siento por fin delante del ordenador, donde inicio sesión y retomo los mandos de mi avatar.

Todavía faltan cinco días para el último nivel del Mega-Torneo, así que decido desestresarme un poco de carreras y scouts e ir a echar un trago de zumo de pantone. El Transbordador me deja en GossipPlanet en menos de tres segundos y consigo despistar a los curiosos antes de que empiecen a perseguirme en cuanto vean mi nick. Este planeta es un hervidero de información, y la visita de un Cosmic famoso siempre es noticia. Por suerte, son pocos los que se atreven a llegar hasta El Emoji Feliz, mi antro favorito, por culpa de los trolls que infectan el extrarradio. Menos mal que yo ya les tengo el punto cogido y sé que se vuelven inofensivos cuando los ignoras: se hacen tan chiquititos que desaparecen. Estoy bordeando la carretera cuando escucho unos gritos detrás de mí:

—¡Espera! ¡Detente!

Voy a entrar en la taberna convencido de que el que me grita es otro troll, pero entonces me doy cuenta de que no me ha insultado. Eso es muy raro, porque los trolls sólo saben decir palabrotas. Me vuelvo, lleno de curiosidad, y veo a un ninja gordito viniendo a toda prisa hacia mí. El nick aparece sobre su cabeza: Spoiler.

—¿Qué haces aquí?

—Ufff, tron... —Spoiler tarda varios segundos en recuperar el aliento. Algunos Cosmics prefieren los comandos de fuerza a los de resistencia, y luego no aguantan ni treinta segundos a la carrera—. Llevo buscándote desde ayer. —De pronto parece muy enfadado—. ¿Cómo puedes desaparecer de MultiCosmos en medio del torneo más importante de todos los tiempos? ¡¿Es que no sabes lo que hay en juego?!

—Para el carro —digo de pronto. Ya tengo bastante con el silbato de Jota y las broncas de Celsius—. Sé que me juego el MegaTorneo, pero si pierdo el duelo final contra Qwfkr es cosa mía, no tuya. ¿Qué más te da?

El ninja cruza los brazos.

—Hay mucho más en juego que eso —responde muy serio—. Tienes la responsabilidad de ganar por todos los que hemos caído en el camino. Sidik4, L@ia, yo... Qwfkr nos ha eliminado con juego sucio.

—Ya he comprobado cómo utiliza ese guante a la menor ocasión... —digo meditabundo; no hay nada que pueda hacer contra su rayo púrpura, salvo cerrar los ojos y esperar—, pero no sé qué quieres que haga.

—¡Está claro!

Estoy a punto de preguntarle qué es eso que está tan claro, cuando da una voltereta en el aire, cae a mi espalda y me toca con la punta de su pistola de bolas. Me doy la vuelta sorprendido, entonces él hace un giro lateral y de nuevo me golpea en la espalda con el arma. Lo repite hasta cinco veces sin que yo pueda verlo venir; es más rápido que la fibra óptica.

—¡Ajá! —exclama satisfecho—. ¿Ves como te falta entrenamiento?

—No me falta entrenamiento, es sólo que no juego a Veamos Quién Es Más Tonto.

—Tienes suerte de que éste sea un planeta pacífico, o ya te habría frito con mi pistola de chicles. —A pesar de su aparente sobrepeso, Spoiler da un salto de rana y se sienta sobre mi cabeza. Luego salta para ponerse delante de mí y sonríe satisfecho de su travesura—. Debes prepararte mejor para el duelo final contra Qwfkr si no quieres que te haga picadillo.

—¿Picadillo, a mí? —Desenvaino la espada binaria para demostrar un poco de mi poder y lo miro desafiante—. No hay Cosmic que se atreva conmigo. Soy el Usuario Número Uno, chaval.

—Tú no tienes abuela, ¿eh?

—No, tengo abuelo. ¿¿¿Cómo lo sabes???

El ninja da un salto con tirabuzón, cae a mi espalda y vuelve a clavarme la punta de su pistola de bolas.

—¡Vale, para ya! —grito nervioso—. Pongamos que me falta un poquito de entrenamiento. Pero ¿qué propones, listo?

A Spoiler le cambia la cara de chulillo por una más amistosa.

—Podemos entrenar juntos. Tengo la impresión de que no tienes amigos en MultiCosmos con los que jugar.

—¡Oye, sí que tengo! Está Amaz∞na... y... —Spoiler me mira atentamente—, y Amaz∞na...

—Has dicho «Amaz∞na» dos veces.

—Es que es *muy* amiga —respondo molesto. Ya soy un *margi* en el instituto; no necesito que me recuerden que también lo soy en MultiCosmos, a pesar de ser el Usuario Número Uno—. Me va bien así, gracias.

—No quiero meterme donde no me llaman —replica Spoiler, a la defensiva—. Puedes hacer lo que quieras, pero... el caso es que hace tiempo que quiero visitar un planeta multijugador, LiliputCombat, y me hace falta un compañero de juego.

Vale, la cosa cambia. Llevo años deseando visitar ese planeta, pero Amaz∞na nunca quiere acompañarme porque le parece demasiado violento. LiliputCombat es un micromundo exclusivo para parejas, así que hasta ahora debía conformarme con ver los vídeos de ElMorenus. Cambio mi actitud y le estrecho la mano.

—¿Podemos ir ya?

Planeta LiliputCombat
Galaxia Bukokos
Modo: Lucha
Cosmics conectados: 3202

Una carga después, Spoiler y yo ya estamos en el pla
neta LiliputCombat. En el almacén de la Entrada escoge-
mos las armas más molonas y salimos a la ruinosa ciudad
para cargarnos a todos los enemigos que se nos pongan
por delante.

Por lo que cuentan los liliputienses, la batalla del día
pinta cruda: el Ejército Grueso se ha hecho con el edificio
del Ayuntamiento y el de Correos. Nuestro objetivo es re-
conquistar esa zona de la ciudad para que los blefuscudia-
nos recuperen su vida cotidiana.

—Que no..., que nosotros luchamos con ellos —me dice
Spoiler cuando estamos corriendo por una calle desierta—.
¡Nuestro enemigo es el Ejército Angosto!

—¿Tú flipas? No has leído la pantalla de información.

Aquí hay tantas batallas que es difícil saber dónde acaba
un enemigo y dónde empieza un aliado. En cuanto unos
Cosmics con la insignia angosta empiezan a acribillarnos
con sus metralletas de huevos, reconozco que a lo mejor
Spoiler tiene razón.

Durante la siguiente hora saltamos de edificio en edificio, nos colamos en bibliotecas abandonadas, liberamos
media docena de rehenes y hasta me llevo unos chicles
sin pagar en la batalla más flipante de la historia de LiliputCombat. Cuando los cabecillas de cada bando decla-
ran el alto el fuego por hoy, nuestros avatares salen hacia
el Transbordador con un montón de comandos nuevos
aprendidos, el pelo cubierto de polvo y agujetas hasta en

Spoiler y yo quedamos en vernos al día siguiente; estoy impaciente por probar otro de los miles de micromundos que me he perdido durante mis dos años en MultiCosmos, siempre al lado de la pacifista Amaz∞na. Hasta ahora no era consciente del entrenamiento que me falta, pero con la ayuda del ninja estoy seguro de que estaré a la altura del encuentro final contra Qwfkr.

El reloj de la holopulsera marca la 1.25 de la madrugada. Me despido de Aurora, que me alumbra con la linterna mientras bajo la interminable escalerilla de cuerda, y regreso al campamento bajo la luz de las estrellas. Nadie me ve entrar en la tienda de campaña, o eso creo, porque cuando me meto en el saco, escucho la voz del pequeño Tobías a mi lado:

—Jopé, sí que te ha dado bien con la diarrea. Ya sabía yo que las verduras no son tan buenas como dicen...

Durante las siguientes cuarenta y ocho horas tengo dos vidas paralelas todavía más alejadas entre sí que antes: durante el día soy el novato más patoso del campamento scout y acumulo tantas vueltas a la Rueda que me convalidarían el Tour de Francia; por la noche me mato a sesiones de entrenamiento con Spoiler. Cada dos por tres siento la tentación de contárselo todo a Alex; es un rollo que te pasen tantas cosas y tengas que callártelas todas (desde mi clasificación en el MegaTorneo hasta la casa-árbol de la secuoya, pasando por Aurora), pero siempre ocurre algo por lo que cambio de idea.

La última intentona ocurre durante una excursión en busca de nidos en la que los Tres Viciados se vuelven a plantar. Los pobrecitos llevan diez días sin ver un ordenador y empiezan a sufrir alucinaciones. Ayer mismo, el mediano confundió a los otros dos con unos Mobs y estuvo a punto de batirse en duelo con ellos. Por la noche, el pequeño dijo que prefería un sándwich de *spam* al puré del campamento. Y esta vez es el mayor el que se niega a seguir con la excursión porque echa de menos su avatar, arrastrando a los otros dos con sus gimoteos. Alex se arma de paciencia para motivar a nuestra desastrosa patrulla:

—Ya sé que echáis de menos MultiCosmos, pero ¡estamos de vacaciones, en medio de un bosque increíble! ¿No es eso más emocionante que cualquier planeta virtual?

—No —responde el TriViciato al unísono. Alex finge que no los ha escuchado y me coge a mí por el hombro. De pronto todos me miran.

—¡Él también lleva diez días sin conectarse y no se queja! —Entonces me suplica con la mirada. Necesita que le eche un cable como amigo—. Cuéntales cómo disfrutas sin necesidad de MultiCosmos. ¿A que ya ni te acuerdas?

No hace ni doce horas de la última vez que me conecté, pero como diga esto la lío. Le doy la razón desoyendo las protestas de los otros tres. ¡Si ellos supiesen…! Cuando se alejan, me siento tan miserable que estoy a punto de soltarle la verdad a Alex, pero de pronto me dice que está orgullosísima de mí y me da un puñetazo en el hombro al más puro estilo elfa-enana. No tengo valor para contárselo.

Por la noche, espero a que los demás se duerman para salir de la tienda y dirigirme a escondidas hasta el refugio de Aurora, donde la científica ya me ha preparado el ordenador y un tazón de chocolate caliente. Me deja en paz en el interior de la casa mientras ella lee en la terraza de la casa-árbol con su gato.

Es una suerte que no le importe que esté despierto hasta tan tarde, con tal de que le dé un poco de conversación y compañía antes de sentarme delante del ordenador. Mientras tanto, en MultiCosmos sigo con mi entrenamiento.

La tercera noche que visito un planeta multijugador con Spoiler, la espada binaria falla: no se le ocurre mejor momento para ponerse a dar calambrazos que en medio de una refriega contra el Batallón Golosina; salgo por patas antes de que me frían el trasero con sus metralletas de ositos de gominola.

Menos mal que Spoiler me protege hasta que estamos a salvo detrás de un carrito de helados blindado (los Cosmics del Reino de los Caramelos no soportan los cucuruchos con impactos de bala).

—Es la segunda vez que te falla desde que llegaste aquí. ¿Por qué no cambias de arma?

Ésa es una buena pregunta. Soy un usuario PRO, tengo la cartera atiborrada de cosmonedas y suficientes Puntos de Experiencia para blandir el martillo de Thor, y en cambio sigo con la misma espada binaria que la última vez que tuve que rehacer mi avatar. Cualquiera diría que me he encariñado con este trasto de bits.

—Siempre estoy pensando en deshacerme de ella: se escacharra cada dos por tres y suelta calambrazos en cuanto me descuido, pero... también se recupera sola, y a veces echa unos chispazos brutales que acaban con el Mob de un golpe.

Eso cuando no termina conmigo primero, claro.

—¿Puedo echarle un vistazo?

Spoiler hace ademán de coger la espada. Yo me lo pienso durante unos instantes, ya que la primera norma para un Cosmic que pretenda llegar vivo a la noche es no perder de vista su arma jamás, y mucho menos prestársela a un oponente. Pero la verdad es que esa norma no dice ni una palabra de la amistad cósmica, y Spoiler cada vez me cae mejor. Dudo un poco, pero finalmente la suelto en sus manos.

Él la coge con aire curioso y le da varias vueltas. Después la escanea con su holopulsera y se muerde el labio inferior.

—Qué raro, no hay ninguna referencia a la espada en WikiCosmos.

—Eso es imposible. —Tengo que comprobarlo yo mismo para confirmar que es verdad. ¡Y tiene razón! ¡Es como si la espada binaria no existiese! No hay nada que se le escape a la enciclopedia WikiCosmos. ¡Si hasta el retrete del bar de Ona tiene su página! Pero no hay ni rastro de mi arma—. La conseguí en el planeta Limbo, en el inventario básico. Alguien tiene que haberla visto.

Sin embargo, por más que busco, tampoco encuentro ninguna referencia. Hasta ahora no le había dado ninguna importancia a la espada binaria; la seleccioné por curiosidad y me ha funcionado más o menos durante estos meses. Estoy pensando cómo puede ser esto posible, cuando de pronto a Spoiler se le enciende una bombilla (literal) sobre la cabeza.

—Hay un Cosmic que conoce cada arma, cada secreto del inventario... —Spoiler se pone misterioso—, pero vive en un lugar que no puedo mencionar...

Menuda chorrada. Me quedo mirándolo con guasa.

—No te des el pisto. Esto no es una peli de ninjas.

—Su nombre está prohibido. —Spoiler se acerca para hablar en susurros—: Los Moderadores detectan cualquier mención y se presentan automáticamente. Podrían detenernos.

Me entra la risa floja, y eso que estamos a pocos píxeles de una batalla con banda sonora de metralletas.

—¿Cómo nos van a detener? Nunca he oído nada tan ridículo, ¡jajaja! ¿Sólo por decir su nombre? ¡LOL!

—Cochinillos Androides O Selváticos.

La risa se me corta como un grifo cerrado. Spoiler se ha vuelto loco.

—¿«Cochinillos Androides O Selváticos»? ¿Qué es eso, el nombre de un grupo punk?

—Une las iniciales, tron... ¡Y ni se te ocurra pronunciarlo en voz alta!

—¿Cómo...? —Me pongo a coger cada primera letra—: C, A, O...

—¡BASTA! —chilla histérico, tapándome la boca. No consigo pronunciar el final. El ninja me mira como si fuese a disparar un misil nuclear—. Ese sitio... ya sabes cómo se llama...

—CAO...

—¡CALLA, INCONSCIENTE! —El ninja resopla—. Es un lugar prohibido, el sitio más secreto de la red.

—Pensaba que ése era el planeta Aa, donde viven los Masters, y te informo que ya he estado allí —digo para presumir un poco. Fue cuando gané el Tridente de Diamante.

Pero Spoiler no se deja impresionar por mis palabras.

—Quizá hayas estado en el sitio más secreto de Multi-Cosmos, pero el sitio al que vamos está *fuera* de él —puntualiza sonriendo.

—Se te va la olla. Los Cosmics no podemos salir de aquí, MultiCosmos es infinito. A menos que quieras que me conecte a otra web, y no sé qué tiene de emocionante visitar Google.

—Principiante... —La burla de Spoiler me pica mogollón. Parece Jota cuando se pone en modo jefe—. Ven conmigo y te lo demostraré.

Spoiler me invita a abandonar el Reino de los Caramelos y seguirlo al Transbordador. Una vez a bordo, no le da ninguna orden al aparato. En vez de eso, se coloca frente al teclado del vagón e introduce un código en el campo «Destino»:

—Avr3t€_S3s@m0000... —Se detiene un segundo a pensar. Ve que lo estoy observando y me explica—: Tengo que mirar el código en la *Guía Prohibida de MultiCosmos*. ¡No me lo sé de memoria!... 4l0Hoom04A...

—¿*Guía Prohibida*? Querrás decir *Guía Imprescindible*.

—Bah, ésa es para aficionados. —Spoiler sonríe como si hablase con un niño. No sé qué se ha creído—. La *Prohibida* es la buena.

Estoy seguro de que el Transbordador nos va a enviar a freír pimientos con tanto golpe en el teclado, cuando de pronto el código se desvanece y la pantalla se pone azul. A continuación, muestra un mensaje que nunca antes había visto:

**Demuestra que no eres un Mob:
descifra el mensaje oculto del captcha.**

Escribe la frase:

Spoiler y yo no somos Mobs, pero no hay humano que descifre este mensaje cifrado. Casi nos quedamos bizcos buscando las letras, pero conseguimos la solución e introducimos el código correcto. Suena un ¡¡¡tararararán!!! y el Transbordador sale disparado.

Tenemos que agarrarnos al asiento para no estrellarnos contra la pared. Cruzamos medio centenar de galaxias a velocidad óptica; saludo al pequeño astro Aa al pasar, pero dudo que los Masters nos estén mirando. El Transbordador continúa su recorrido ultrasónico a través de MultiCosmos cuando de pronto se detiene en seco, nuestros avatares chocan contra el asiento de delante y escuchamos unas notas nuevas, distintas a cuando cambias de un planeta a otro, distintas también a cuando visitas otra galaxia. Hemos viajado a donde nunca imaginé, al más allá.

Me quito el cinturón para levantarme del asiento y me pego a la ventanilla. Nunca había visto nada parecido; es como si hubiésemos alcanzado el punto final de MultiCosmos y estuviésemos en lo siguiente, en una nota escrita a mano en el margen. La nebulosa ha desaparecido, igual que las estrellas y los satélites. Es un planeta idéntico a una cebolla, más grande que GossipPlanet, Gigagigant y Burocrápolis juntos, y flota en el centro, rodeado por un montón de satélites con pinta de cañones abandonados y esqueletos de Mobs. Hemos topado con algo nunca visto, y que comienza donde termina el orden cósmico.

—¿QUÉ REPÍXELES ES ESTO?

—El caos —responde Spoiler muy serio, y se me ponen

Acabas de abandonar
MultiCosmos..¡Hasta pronto!

Bienvenido a
CAOS

<Un fallo en el sistema>

Antes de cruzar la Entrada de Caos, Spoiler hace algo increíble: con un truco de su libro, cifra el nick que flota sobre nuestras cabezas; es un comando que sólo funciona fuera de MultiCosmos. Ya podría haber aprendido a hacer esto antes. También insiste en que cambiemos el diseño de nuestro avatar para pasar desapercibidos.

—A los Moderadores no les gusta que los Cosmics escapen de sus dominios y crucen a Caos, donde no pintan nada. Los avatares que viven aquí son principalmente forajidos, hackers y trolls; en ocasiones, todo a la vez. No conviene que nos vean pasear por aquí.

Spoiler cambia su disfraz de ninja morado por un ancianito chino, mientras que yo elijo el primer diseño que me viene a la cabeza. Mi colega no parece muy convencido.

—No puedes disfrazarte de ninja morado.

—¿Por qué no? Me queda muy molón. Nadie me reconocería con esta pinta.

—¡Porque *ése* es mi disfraz habitual, tron! Ya puestos, ¿por qué no me disfrazo yo de ti y nos paseamos por Caos gritando con un megáfono?

—Vale, vale... Lo pillo.

Qué tiquismiquis. Al final selecciono un avatar de alienígena peludo. Una vez estamos irreconocibles, cruzamos la Puerta y salimos al punto de inicio de Caos, el planeta cebollil.

Lo primero que pienso al entrar es que nos hemos presentado en medio de una guerra. No paran de sonar disparos, se escuchan gritos y los avatares caminan y corren sin ningún orden. Estamos en la plaza de una ciudad marítima, sucia y maloliente, construida con pedazos de distintos mundos de MultiCosmos: hay una posada medieval, al lado un ciber prehistórico, y unos píxeles más allá veo una sala de baile futurista idéntica a la de TeenWorld. Todo a nuestro alrededor huele a copias ilegales de edificios de otros planetas.

Le pido a la holopulsera que me indique la ubicación actual:

El trasto se vuelve loco y empieza a repetir la orden en bucle. Tengo que apagarlo para que no me dé la tabarra. Entonces me fijo en los avatares que nos rodean, y no son menos estrafalarios que los edificios: los hay que se mueven como sombras, otros tienen más miembros que los permitidos en MultiCosmos, y la mayoría caminan con la cara pixelada o utilizan el mismo comando que nosotros para distorsionar el nick. Pero lo más curioso de todo está en la muñeca de su brazo izquierdo. Spoiler y yo caemos en la cuenta a la vez.

—¡No tienen holopulsera! —grito.

—Chisss. ¡Vas a llamar la atención!

En MultiCosmos puedes ser un humano normalucho, un cíclope turquesa, una geisha de goma y hasta un liliputiense, pero siempre, sin excepción, tu avatar porta una holopulsera en la muñeca. Nadie se libra de ella. Es el objeto imprescindible, más inevitable que la varicela. Es gratis y nos acompaña desde el primer segundo de registro, y menos mal, porque nos saca de un millón de apuros. Por eso no damos crédito cuando vemos que hay Cosmics que se pasean por Caos sin la suya. Son los expulsados de MultiCosmos. Jamás imaginé que pudiesen seguir viviendo aquí.

Abro un canal de comunicación privado con Spoiler para hablar con discreción. Este sitio no me gusta un pelo y los avatares nos miran de reojo cuando se cruzan con nosotros.

—¿Qué te pasa? —le digo de mal humor a un Cosmic que se me queda mirando—. ¿Es que nunca has visto un marciano con rastas?

—Menudas pulgas, guapa.

¿Guapa? Spoiler me saca rápidamente de mis pensamientos.

—La Hackerrería no puede estar lejos de aquí... —Spoiler, disfrazado de chino centenario, se queda pensativo. Puedo imaginarlo en su habitación, consultando la *Guía Prohibida de MultiCosmos* sobre el teclado. Levanta la cabeza y señala una calle más estrecha que el cerebro de GlendaGlitter™—. Creo que tenemos que seguir por ahí.

—¿Cómo que *crees*? ¿No habías estado aquí antes?

—Eeeh, no. —El chino pone cara de culpable—. Es la primera vez que vengo a Caos. No me atrevía a venir solo... —Empiezo a ponerme nervioso. Este lugar da repelús nivel *El exorcista*. Spoiler lo debe de notar, porque mi avatar pasa del blanco al rojo y del rojo al morado (aunque con tanto pelo, igual no se me nota)—. ¡Tranqui, tron! Cada día pasan miles de Cosmics por aquí. No nos ocurrirá nada.

Por si acaso, tengo la espada binaria bien agarrada, no sea que tenga que ponerme a rebanar pescuezos de un momento a otro. Spoiler y yo nos metemos por la callejuela que indica el libro y escuchamos las conversaciones que nos llegan a través de las ventanas.

En una de las casas están siguiendo una repetición de la carrera del MegaTorneo, pero no reconozco el canal de la emisión. Los comentaristas tampoco llevan holopulsera.

—Qwfkr está que trina —dice uno—. Sin duda, los Masters hacen trampa para beneficiar a su rival, ese Destrozaplanetas sin talento. Hay juego sucio.

—No te atreverías a repetirlo en medio de GossipPlanet. ¡Estarías en prisión en menos de una carga! Nadie se atreverá a destapar el fraude del MegaTorneo.

Los comentaristas se ríen a carcajadas. Spoiler me silba para que no me quede atrás y pierdo el hilo del debate, pero mi cabeza barrunta sus palabras. ¿Por qué iban a ayudarme los Masters? ¿Es que tan raro les parece que gane algo?

Los dos caminamos a paso ligero hasta que llegamos a un cruce de caminos. Spoiler se detiene para leer las señales y me indica con la mano una de las esquinas, donde hay una puerta en la unión de los dos muros. No hay ni rastro de letreros.

—¿Cómo sabes que es aquí?

—¿Eh? ¿No lo ves? —El Spoiler chino-anciano señala un trozo de pared vacía. Yo niego con la cabeza, sólo veo ladrillos—. Qué raro, yo sí lo veo: HACKERRERÍA. Ah, claro. ¿A que no tienes instalada la última actualización de Java?

Me doy un capón en la cabeza y dejo que Spoiler sea quien llame a la puerta. No es que me entusiasme la idea de entrar, pero el antro no puede tener peor pinta que la calle. Hay un cubo de basura a rebosar de .docs Word 95 que apestan a podrido.

De pronto asoma del interior un gatito atigrado y nos mira con indiferencia. Siempre que veo uno me salta el instinto gatuno y hago el ridículo, pero no lo puedo evitar.

—Ay, gatito monino. Ay, qué rico. Gatiiitooo.

Me pongo a hacerle monadas ante su más absoluto mutismo. La puerta de la herrería se abre y me ven hacer el tonto desde el interior.

—Pero qué gatito bonito... Ay, mi gatito...

—Entrad o piraos de aquí —nos advierte muy serio un Mob con aspecto aniñado. Nunca había visto uno con una pinta tan realista, y da bastante yuyu.

Mi compañero y yo entramos en una pequeña sala de espera con poca iluminación, en la que sin embargo cuento más de una docena de avatares metidos a presión. No queda ni una silla libre, pero un soldado romano le ofrece el asiento a mi amigo. Se piensa que la edad de su avatar es real, y Spoiler no lo desmiente, e incluso se encorva todavía más para pasar de anciano adorable a octogenario inestable. Se sienta dándole las gracias con voz de viejito.

—Oye... —digo de pronto a través de nuestro canal privado. Llevo varios días buscando el mejor momento para

sincerarme. Si Spoiler y yo vamos a ser amigos, debe conocer mi yo real, no el que sale en las revistas—. Hace días
que te conozco y creo que tienes que saber algo de mí.
—Hago un silencio dramático, pero es que me cuesta un
montón abrirme con otra persona—. Mentí en la edad de
mi perfil para participar en la competición del Tridente
de Diamante. Siento decepcionarte, pero no tengo veinti-
cinco años... Tengo doce. Pero ¡tienes que guardar el secreto! ¡Nadie puede saber la verdad sobre mí!

—Bah, qué tontería —replica Spoiler sin darle importancia—. Yo también tuve que mentir: tengo once años, pero
¡aparento once y medio!

Los dos nos alegramos mucho de la revelación. Ya me
parecía a mí que Spoiler no parecía muy adulto; por el mi-
cro le oí pedir permiso para conectarse diez minutos más,
y eso no lo haces a menos que seas menor de edad o vivas
en la prisión de Alcatraz. Me alegro de que no sea lo segundo.

—Uf, pensaba que no querrías ser mi amigo si te parecía
un crío.

—¡A mí me pasaba igual! Por eso no paraba de decir cosas de mayor como «Qué rico está el euribor» o «A ver si
termino ya de cuadrar el finiquito», ¡y no tengo ni idea de
lo que significa!

Los dos nos echamos unas risas que molestan al resto
de los clientes que están esperando. El Mob con cuerpo de
niño viene hasta nosotros y pienso que nos va a dar un to-
que de atención; sin embargo, nos invita a seguirlo a la sala
continua.

—Mi jefe os espera.

Ni siquiera es nuestro turno. Los otros avatares hacen un amago de protestar, pero el chico los insonoriza rápidamente con un comando y tienen que contentarse con mirarnos con odio de camino a la puerta opuesta.

Entramos en una sala tres veces más grande que la anterior, donde en cambio sólo hay una mesita metálica en el centro. Al otro lado hay un avatar con rostro afilado, bigotillo y perilla. Nos mira con los ojos entrecerrados, como si nos escanease de arriba abajo, y sonríe divertido. Él no necesita ocultar su nick con ningún truco; se llama Anonymous.

—Vaya, vaya, vaya... Esto sí que no me lo esperaba. —Su voz distorsionada pone los pelos de punta—. Tengo el privilegio de recibir en mi humilde taller al Destrozaplanetas y su fiel escudero...

—¡Que sólo me cargué un planeta! —me quejo amargamente.

—Y yo no soy el escudero de nadie —protesta Spoiler—. Espera, ¿cómo nos has reconocido?

La verdad es que no me lo explico, llevando unos disfraces tan brutales, pero cuando Anonymous chasquea los dedos, nuestros avatares recuperan su diseño habitual. Los nicks también se descifran. Chasquea los dedos otra vez para devolvernos nuestro camuflaje.

—No pretendáis engañar a un hacker con vuestros juegos, chicos. Hay pocas cosas que se me escapan. Ahora mismo, de hecho, sólo una: ¿qué habéis venido a hacer a Caos?

Spoiler y yo nos cruzamos unas miradas nerviosas. Él ya no está tan convencido de su plan, pero yo no he venido hasta aquí para nada. Desenvaino la espada binaria y se la muestro, sin soltarla un solo segundo.

—Es por mi arma. La conseguí cuando creé mi avatar y la he utilizado hasta ahora. La mayoría de las veces hace un trabajo brutal, pero de pronto se apaga sin avisar. Hemos buscado en WikiCosmos, pero es como si no existiese.

—¡Ja! ¿Esperas encontrar algo fiable ahí? —Anonymous intenta coger la espada, pero yo no la suelto ni por todas las cosmonedas del universo. La estira un poco más, pero yo la sujeto con firmeza. Es un hacker de Caos, tendría que ser idiota para fiarme de él. Cuando por fin se cansa, la deja reposar sobre la mesa con mi mano asida al mango, y la estudia con atención. Saca un aparato del bolsillo para escanear el filo, toma notas en el aire y se mesa el bigotillo—. Mmm... Nunca había visto un arma así. Curiosa para ser de creación propia, inusual para un inventario oficial...

—Te digo la verdad: era la primera vez que la veía. Sólo quiero que alguien la repare, no quiero perderla.

Anonymous pasa unas páginas de un libro digital y subraya unas palabras de sus apuntes. Finalmente sonríe, satisfecho de sí mismo.

—Es un *bug*. Tan simple y complejo como eso.

—¿Un qué? —pregunta Spoiler. Dónde está su *Guía Prohibida* ahora, ¿eh? ¡Ja!

—Un *bug*, un error del sistema. MultiCosmos procesa cientos de millones de datos por segundo, es la plataforma virtual más grande del mundo. —Y nosotros estamos ahora mismo al margen de ella, pienso para mí—. Puede presumir de un funcionamiento formidable, pero no existe nada perfecto. A veces se satura, da la vuelta un número del código fuente... y se produce un *bug*.

»En ocasiones, el *bug* es un Mob que choca contra una pared invisible, o un barril de ginebrytes que nunca se acaba... o, como este caso, un arma que deja de funcionar por capricho. Aunque, por lo que dices, también tiene la virtud de regenerarse. Es una pieza curiosa. —Anonymous chasquea los dedos. A cada lado aparecen dos armarios enormes atiborrados de armas a cuál más chula. Hay una daga de tres filos, un tirachinas de tarántulas, un rifle de burbujas... Tengo ganas de probarlas todas—. ¿Qué, te gustan? Puedes escoger la que quieras. Te la cambio por la tuya, esta pieza... —mira la espada binaria con desdén— peculiar.

—Ni lo sueñes. —Doy un tirón a la espada para recuperarla—. Sólo quiero que deje de fallar. ¿Puedes arreglarla?

—No seas tonto; eres el Usuario Número Uno, tienes suficientes Puntos de Experiencia para manejar el arma que quieras, te sobra el dinero. ¿Por qué te conformas con un trasto defectuoso?

—Porque es mi trasto —insisto—. ¿Puedes arreglarla o no?

Anonymous me escanea con la mirada y guarda un largo silencio, pero finalmente responde:

—Está bien, la arreglaré...

Anonymous extiende la mano para que le devuelva la espada. Decido fiarme (Spoiler tiene preparados unos palillos chinos para atacarlo si nos traiciona) y cruzo los dedos. El herrero virtual descubre el código de la espada y empieza a sustituir y a añadir números sobre la marcha. Parece que le va a salir humo de tanta concentración, pero de pronto habla:

—Es curioso que prefieras utilizar esta espada en vez del Tridente de Diamante, tu premio de la Competición. «El arma invencible», dijeron los Masters, y no les faltaba razón. —Noto un profundo desprecio en su voz, como si tuviese su propia opinión al respecto. Yo me pongo tieso, no quiero dar explicaciones de mi pacto con Amaz∞na—. El guante de Qwfkr no tendría ninguna posibilidad contra el Tridente si os enfrentaseis..., aunque quizá no lo encuentras justo: ganar un combate de antemano, sin ningún mérito. Haces bien renunciando a ello... si no quieres que todos piensen que el concurso está amañado para que ganes tú.

El hacker levanta la vista de la espada para estudiar mi reacción. Tiene razón, ésta es mi oportunidad de demostrar que no juego con ventaja. Eso y que Amaz∞na no me prestará el Tridente jamás.

Anonymous termina con la espada y me la devuelve. Hago un floreo con ella y no explota, lo que ya es un avance. Saco el cosmonedero para pagar, pero el hackererrero lo aparta con las manos.

—No podría cobrarte. Es un honor para mí que el Usuario Número Uno haya estado en mi taller.

Los adultos son tontos, siempre se pelean por pagar. Yo devuelvo el cosmonedero al inventario y le doy las gracias sin titubeos. No puedes negarle el gusto a quien te quiere invitar.

—Sólo una cosilla más, Anonymous... —digo para terminar—. ¿Podrías omitir el detalle de que me has visto por aquí?

—Y a mí —tercia Spoiler, que no está nada contento con su título de escudero.

—No sé cómo se lo tomarían los Masters, ya sabes... —concluyo.

—Descuida. Yo no he visto nada.

Estamos a un tris de despedirnos cuando llega un griterío de la calle. Salimos a la sala de espera, donde ya no queda ni uno de los clientes de antes; el niño Mob da vueltas en círculo como si le hubiese dado un cortocircuito. Anonymous, Spoiler y yo nos asomamos a la calle, que se ha ensanchado mágicamente (o informáticamente, yo no entiendo de programación) para dar cabida a una furgoneta con una jaula enorme en el sitio del remolque. Un grupo de cuatro Cosmics con pinta de mercenarios lanza redes a los avatares que se cruzan en su camino. Anonymous nos empuja hacia la calle opuesta.

—Es la Banda Caótica —nos explica sin perder los nervios. Luego marca un código sobre la puerta-esquina de la Hackerrería y ésta se transforma en una pared lisa de ladrillo—. Se dedican a cazar avatares buscados por los Administradores de MultiCosmos para venderlos al otro lado y sacarse un puñado de cosmonedas. Llevan días buscando a alguien muy peligroso, pero no dudan en secuestrar a todos los que cazan a su paso. ¡Corred!

Seguimos a Anonymous por el camino contrario, aunque es difícil avanzar con tanto avatar y Mob desorientado. La aparición de los traficantes de Cosmics ha pillado al barrio por sorpresa. El hackerrero pega una patada a la puerta de una charcutería de *spam*, cruzamos a la calle paralela por la salida trasera y corremos durante tres minutos más por un laberinto de callejuelas mientras Bahía Pirata está sumida en el caos. Más que antes, si eso es posible. Está claro que aquí no hay un solo avatar que no tenga problemas con la justicia.

Cuando regresamos a la plaza principal, donde está la Puerta de entrada y salida, con el mismo trasiego que una estación de tren el día de Navidad, Anonymous me toma por los hombros para decir unas últimas palabras:

—Mantente alejado del guante de láser de Qwfkr.

—¡Qué buen consejo, porque no tengo previsto enfrentarme con Qwfkr! Espera, sí: ¡dentro de tres días!

Anonymous pone los ojos en blanco. No tenemos tiempo para debates.

—El guante tiene un poder al que tu espada binaria no se puede enfrentar, pero tienes una opción: revierte el poder de ese guante a tu favor. Tu espada...

Pero Anonymous no puede terminar la frase, ya que la furgoneta de la Banda Caótica ha irrumpido en la plaza y la marabunta de Cosmics en desbandada nos ha separado. No puedo evitar quedarme embobado con la imagen de un monstruoso avatar que salta desde la furgoneta. Ha elegido un avatar de demonio, corpulento, rojo y con una cola puntiaguda. Fuma un puro apestoso. Los cuernos de cabritillo casi tocan su nick flotante, Luc!fer. Entonces Anonymous chasquea los dedos y desaparece, y justo en ese momento Spoiler me saca de la tontería y consigue llevarme hasta la Puerta. Un segundo antes de cruzar reparo en el cartel de SE BUSCA pegado a una de las puertas de la furgoneta, y me quedo congelado.

SE BUSCA

Criminal más peligroso de MultiCosmos. Se le atribuyen más de 262 cibercrímenes. Si la ve, póngase inmediatamente en contacto con un Moderador.

Recompensa: 1.000.000 de cosmonedas

Apago el ordenador en silencio. Ni siquiera respondo a la despedida de Spoiler, que está emocionado por comentar cada detalle de nuestra visita a Caos. El reloj marca la 1.23 de la madrugada y los párpados me pesan toneladas, pero acabo de recibir una inyección de adrenalina suficiente para saltar por los aires. Porque esa Cosmic buscadísima, el «criminal más peligroso de MultiCosmos», es clavadita a Aurora, idéntica como un copia y pega. No hay duda de que es ella. Y, sin embargo, ella me mintió, me dijo que no conocía la web. Aunque ¿quién se podría creer eso? ¡¿Y qué clase de especialista en aves no sabe lo que es un chorlito?! A ver si al final lo de «Acércate a mí» era de verdad un anzuelo para pescarme... Pero ¿con qué intención?

Estoy procesando la información, cuando de pronto la puerta se abre y entran Aurora y el gato. Los dos bostezan a la vez.

—Ya es hora de dormir, ¿no? Estarás cansado.

—Ehhh... Sí, claro. Qué sueño. Mejor me voy ya. —Retrocedo varios pasos para alejarme y me acerco hasta la puerta caminando como un cangrejo—. Qué divertido es MultiCosmos, aunque, claro, tú no tienes ni idea porque jamás has entrado, ¿verdad?

Aurora se muerde el labio, inquieta. El gato salta a sus brazos y los dos me miran inquietos.

—Ya te dije que no. Ojalá tuviese tiempo para esas cosas, jajaja. —Su risa es más falsa que una holopulsera de madera. Está visiblemente nerviosa—. ¿Por qué lo preguntas?

—Por nada. —La puerta está a sólo un metro. Tengo que

escapar antes de que me lance el gato a la cara y me secuestre para cocinarme en pepitoria, o lo que sea que hacen los criminales—. Simplemente tenía curiosidad por saber cómo es posible que una científica no haya visitado MultiCosmos, quizá tenga un doble allá dentro, jajaja, o le guste jugar a los crímenes. Uy, qué tonterías digo. Me voy a dormir. ¡Buenas noches!

Echo a correr hacia la puerta. Esto es como la persecución de la Banda Caótica, pero en la vida real. Tampoco Aurora se queda quieta: viene detrás de mí, confirmando mis sospechas, pero yo soy más rápido y llego a la escalerilla de cuerda antes que ella. Bajo tan rápido los cien metros que estoy a punto de matarme; las palmas de las manos echan humo antes de llegar al suelo. Aurora grita mi nombre, pero la pierdo de vista antes de llegar al campamento. El corazón me late más rápido que el modo vibración del móvil. Por fin entro en la tienda de campaña y me meto en el saco, muerto de miedo. No se atreverá a entrar. Mi respiración suena por encima de los ronquidos de los Tres Viciados. Cruzo los dedos por que esa loca no venga hasta aquí y nos mate a todos (aunque si tiene que empezar por alguien, podría secuestrar a Jota).

—¿Otra vez la diarrea? Sí que te ha dado fuerte... —susurra Tobías desde la oscuridad.

‹La yincana›

Anoche apenas pegué ojo. Por un lado, estaba asustado con la idea de que Aurora viniese a matarme; lo único que tengo para defenderme es una cantimplora, y no creo que sea muy útil contra una criminal de su talla. Por otro, no he dejado de darle vueltas al coco: ¿quién es exactamente?, ¿por qué me ocultó que conocía (y muy bien) MultiCosmos?, y lo más inquietante de todo: ¿por qué me atrajo hasta su casa-árbol?

Está claro que me engañó para atraerme hasta su red, y seguramente estaba a punto de matarme, secuestrarme y asarme con un limón en la boca, no sé en qué orden, cuando descubrí sus intenciones y hui. Todavía no me creo por qué poco me he salvado. He frustrado su plan de acabar con el Usuario Número Uno, el golpe estrella para la Cosmic más peligrosa de la red, pero no puedo bajar la guardia.

Mientras tanto, mi vida como scout se complica. Las actividades de la mañana nos mantienen muy cerca del campamento base. Alex nos está soltando el trigésimo noveno discurso motivacional, cuando Jota hace sonar su silbato para que formemos filas junto a la tienda principal.

—Mañana al amanecer arrancará la yincana, la prueba definitiva para consagraros como scouts. —Supongo que no se referirá al Trío Viciado o a mí, que no aprobaríamos ni el teórico—. Cada patrulla tendrá que unir sus fuerzas para completar las pruebas y llegar hasta el destino final, el observatorio astronómico del bosque. Los fuertes tendréis que poner en práctica todo lo aprendido durante el campamento... Los demás —Jota nos mira directamente a nosotros— limitaos a no tiraros de cabeza por un barranco y volved de una pieza.

>>La primera patrulla en llegar se hará con el premio del campamento y podrá disfrutar de una experiencia única en el observatorio. Los propios astrónomos os lo enseñarán. En cuanto a los perdedores... —Jota vuelve a mirarnos a nosotros; ¿por qué nos odia tanto?—, más os vale venir con fuerzas, porque vais a dar tantas vueltas en la Rueda que va a echar humo.

—¡Motivación, patrulla Chorlito! —Alex es la única que no capta las amenazas de Jota. Sus ojos brillan al escuchar a su ídolo.

—Por otro lado, durante el día de hoy está terminantemente prohibido alejarse del campamento base. —Se escucha un nuevo murmullo entre los scouts—. ¡Silencio! La policía ha venido hasta aquí porque tiene que tomar unas pruebas en este sector del bosque, y nos ha pedido que no salgamos del perímetro del campamento durante unas horas. Por lo visto, están investigando la zona, buscando a un... criminal.

Nada más desconvocar la reunión, comienzan las habladurías. El TriViciato especula sobre el fugitivo y sugiere que es el Trasgo, pero yo sí que conozco su identidad: no puede ser otra que Aurora. La llegada de la policía me produce una mezcla entre calma y pánico: calma porque están aquí para protegernos, pero pánico porque debe de haber pasado algo muy gordo para que la poli se acerque al culo del mundo. Espero que la encuentren antes de que ella me encuentre a mí.

Pasamos la tarde en un estado general de ansiedad. Un par de hombres de negro se acercan a preguntar si hemos visto algo sospechoso en los últimos días, pero nadie sabe nada, y yo no puedo descubrirme delante de los demás. Espero a que los dos agentes de policía se vayan para seguirlos y decirles la verdad sin que Jota se entere de mis escapadas nocturnas, pero cuando estoy a punto de alcanzarlos capto unas frases de su conversación:

—La muy escurridiza se había escondido en un refugio ornitológico semiabandonado. La han visto cruzar la frontera hace unas horas, como un gatito huyendo de un perro.

—Esos idiotas ni siquiera nos han pedido una identificación. ¡Qué ingenuos!

—¿Tengo yo pinta de policía? —dice el otro, después de soltar una carcajada—. En fin, ya no pintamos nada aquí. Vámonos antes de que me salte la alergia.

Cambio de planes: mejor me llevo el secreto a la tumba. Si no son agentes de policía, ¿¿¿qué son???

Al darme la vuelta para regresar al campamento, choco con alguien bajito. Es Tobías, el pequeño del TriViciato, que estaba en modo absorto.

—¿Qué pasa?

—MultiCosmos... —dice en voz baja, señalando hacia los dos tíos siniestros que se van—. MultiCosmos...

El crío está como ido, y apenas escucho su hilo de voz. Empiezo a sospechar que tanto tiempo sin red le ha frito los sesos, pero de pronto hace que vuelva la cabeza para que me fije en el maletín que lleva uno de ellos. Y entonces lo entiendo: lleva impreso el dibujo de un sencillo astro con cinco satélites a su alrededor. Representa el planeta Aa y los cinco Masters. Lo reconocería boca abajo, a oscuras o saltando en pértiga. Es el inconfundible logo de MultiCosmos. Pero ¿qué hacen aquí sus trabajadores? ¿Por qué han mentido acerca de su identidad?

—MultiCosmos... —insiste el pequeño. Y cuando está a punto de correr hacia ellos, como a un oasis en el desierto, lo agarro por la camisa. Pueden ser peligrosos.

—Qué gracioso. Has tenido una alucinación. —Tobías me mira contrariado; está seguro de lo que ha visto, y también ha visto mi cara cuando *yo lo he visto*—. Pero si son policías..., ¡¿cómo van a llevar un maletín de MultiCosmos?! ¡Jajaja! No se lo digas a nadie, que van a pensar que tu vicio es tan extremo que te hace ver cosas raras.

Finjo una carcajada y me llevo al pobre niño de vuelta conmigo al campamento, aunque estoy más rayado que nunca. Esta noche no volveré a la casa-árbol. Y eso significa que pasado mañana tampoco podré luchar en el duelo final contra Qwfkr, pero me da igual: me gusta MultiCosmos, pero me gusta más estar vivo.

Todavía no ha amanecido cuando escucho la cremallera de la tienda y veo asomar una cabeza por la rendija. Doy un bote por miedo a que sea Aurora dispuesta a asesinarme (soy el Usuario Número Uno, cualquier criminal se pirraría por hacerlo), pero es Alex, con sus ojos enormes.

—¡Poneos en pie, patrulla Chorlito! ¡Vamos a ser los primeros en salir!

—Apagad ese despertador —dice Lucas.

—Un poquito más... —ruega Tobías.

—Déjame pasar este nivel... —murmura Sam, que habla en sueños.

Pero Alex es inflexible. Nos vestimos a la velocidad del rayo (sólo tengo que darle una vuelta más a los calzoncillos), preparamos la mochila en tiempo récord y recogemos la tienda de campaña. Por lo visto, la vamos a necesitar.

—¡Nos esperan dos días apasionantes! —Da unos saltitos para calentar. El bosque está bastante húmedo de madrugada—. ¡Tres, dos, uno...! ¡Tres, dos, uno...!

Los cinco salimos del campamento antes de que se despierten las demás patrullas. Alex consulta el mapa y señala al nordeste, el camino que debemos seguir. Lleva toda la noche programando las etapas para elegir los mejores puntos de parada. Seguro que ningún capitán se lo ha currado tanto como ella, pero es que ningún capitán cuenta con una patrulla tan decepcionante. No llevamos ni media hora de caminata cuando los Tres Viciados empiezan a quejarse de calambres en las piernas y yo pido hacer un alto para desayunar. Así cada poco.

Después de varias horas de caminata, apenas hemos superado unas pocas pruebas de la yincana y la lista de tareas pendientes es infinita. El único motivo por el que no damos la vuelta es porque Jota se ha quedado en el campamento, y los últimos días ha redoblado los castigos en la Rueda.

La jornada se hace eterna, hemos comido poco y estamos agotados. Casi nos ponemos a llorar cuando anochece y Alex nos dice que nos quedan tres cuartos del camino. Por la noche, los ánimos estallan como una olla exprés.

—Según mis cálculos, la piedra roja que tenemos que coger está cerca de aquí... —Tobías gimotea al mirar el reloj—. Nadie dijo que esto fuese fácil, pero si queremos ganar...

—Ése es el problema, que no queremos ganar. —Sam se ha plantado en medio del sendero y no nos deja continuar—. ¡Sólo a ti te interesa la yincana y esa estúpida copa scout!

—Chicos... —susurra Alex, un poco perturbada—. No os desmotivéis. Sé que al principio es un poco duro, pero merecerá la pena...

—¡Ya está bien! ¿Soy el único al que la yincana le parece una chorrada? Me rindo.

Sam se sienta en un tronco caído y se cruza de brazos, refunfuñando. Lucas y Tobías tardan unos segundos en reaccionar y terminan por imitarlo. Alex me mira contrariada, temiendo que me una a los desertores, pero no traicionaría por nada del mundo a mi mejor amiga. Y no será por falta de ganas...

—Si nos rendimos, tanto sufrimiento no habrá servido de nada. Debemos hacer un esfuerzo por completar la yincana. Aquí no importa si no tenemos el récord de Puntos de Experiencia —les digo, apelando a su lado Cosmic—, lo importante sólo es completar el nivel.

Sin embargo, el TriViciato se ha plantado y no piensa moverse, así que Alex baja la cabeza y dice:

—Está bien... Descansamos un rato... más. —Deja la mochila en el suelo y reparte las raciones de la cena.

Pero el descanso de la cena se convierte en el descanso definitivo. Los Tres Viciados se niegan a continuar la yincana, y a Alex no le queda más remedio que montar la tienda sólo con mi ayuda, y resignarse. Por un momento pienso que va a llorar, derrotada, pero se aguanta las ganas. Sé lo importante que es para ella ascender a capitana. Temo estar echando a perder sus vacaciones scout.

Cuando, un rato después, los Tres Viciados se van a dormir, Alex y yo nos quedamos hablando a la luz de la luna creciente (acabo de aprender las fases lunares, así que voy a presumir un poco) y nos reímos de las bromas de siempre. Casi había olvidado por qué es mi mejor amiga. No hay quien la reconozca cuando Jota anda cerca de ella.

—Gracias por echarme un cable con ellos, animalito —me dice poco después, señalando la tienda donde el TriViciato duerme—. Siento que te estés perdiendo el MegaTorneo, de verdad. El campamento es lo que quiero yo, no tú, y he tardado en comprenderlo.

Apenas hemos tenido ocasión de hablar desde que comenzó el campamento y ya no tengo excusa para mantener mis secretos ni un segundo más, así que abro la boca y suelto el rollo. Ya nada me puede parar.

Mi amiga me escucha boquiabierta mientras le cuento cómo llegué hasta la casa-árbol de la secuoya siguiendo la señal de una misteriosa red wifi, mi primer encuentro con Aurora, la vertiginosa carrera del MegaTorneo y mi clasificación..., pero también la existencia de Caos, la visita junto a Spoiler y cómo descubrí por casualidad que mi anfitriona es la criminal más buscada de MultiCosmos. Alex no pronuncia ni una palabra hasta que termino mi relato, pero se reserva un torrente de preguntas en cuanto concluyo la historia.

—¡Estás loco, animal! ¡Subir a una casa-árbol a cien metros de altura...! ¡Aceptar la invitación de una desconocida...! ¡Que además es una criminal! ¡Por no mencionar...!

—Si lo dices de un tirón suena peor —me defiendo, porque estoy quedando como un tonto—. Lo importante es que estoy vivo. Mañana faltaré al MegaTorneo y seguramente me castiguen un mes en el planeta de la Tortura, pero me da igual. Prefiero estar vivo. ¿Lo ves? No estoy *tan loco*.

Alex se queda pensativa. Va a decir algo, pero después se calla.

—¿Qué pasa?

—No, nada... Iba a decir que en el observatorio... Pero es una tontería, a este ritmo jamás llegaremos a tiempo.

Conozco a Alex perfectamente. Nunca dice tonterías. Le aprieto el brazo hasta que suelta la lengua:

—El observatorio astronómico tiene un ordenador superpotente, de esos que calculan millones de datos en un microsegundo. Si estuviésemos allí por la tarde, dándonos prisa..., quizá podrías llegar puntual a la final del MegaTorneo.

Alex termina la frase con una vocecilla, consciente de lo imposible de la tarea. Formamos la peor patrulla de la historia, incapaz de hacer un nudo sin enredarse los meñiques. Casi he descartado la posibilidad (nos falta muchísimo para llegar al observatorio), cuando de repente tres cabecitas asoman por la tienda de campaña. Es el Trío Viciado, que ha escuchado la conversación de cabo a rabo.

El segundo día de yincana nos levantamos con fuerzas renovadas. Anoche nos acostamos tardísimo porque Sam, Lucas y Tobías querían saberlo todo sobre nosotros. No sólo habían escuchado lo del superordenador del observatorio astronómico, también descubrieron que yo soy el Usuario Número Uno, y de ahí a la identidad de Alex sólo hay un paso. Los tres son fans del canal de vídeos de mi amiga, *La Hora de Amaz∞na*. No quisieron irse a dormir hasta que les contamos los secretos de la competición del Tridente de Diamante con todo detalle. A los dos se nos hacía raro hablar de nuestras personalidades cósmicas sin escondernos, pero no tenía sentido ocultarlo después de que los Tres Viciados espiasen nuestra conversación.

—Todavía no me puedo creer que seas Amaz∞na —repite Tobías; lo ha dicho unas quinientas mil veces en lo que va de mañana—. ¡Molas mogollón!

—Mi vídeo favorito es cuando salvas a un Mob jirafa de unos Cosmics furtivos. Les diste una buena lección con tu flauta.

—¡Eres guay, macho! —dice Lucas. Entonces se queda un segundo pensativo, meditando sus palabras—. Espera, quería decir «hembra».

La capitana pelmazo se ha transformado en una Cosmic molona, y no puede estar más satisfecha con este cambio. Sobre todo porque avanzamos en la yincana sin darnos cuenta: los tres están tan impresionados y preguntan con tanto entusiasmo que no se dan cuenta de que recorremos el doble de etapas en una mañana, y hemos coleccionado tres cuartos de las piezas que exige el juego. Cada prueba la superamos con más ganas que la anterior. La patrulla Chorlito está irreconocible. Lo único malo es que pasan olímpicamente de mí, como si ganar el Tridente de Diamante no valiese de nada. Tengo que aclararme la garganta y recordar mi victoria mundial para hacerme notar.

—¡*Guala*, es verdad! —exclama el pequeño. Es la primera vez que me mira en toda la mañana—. «El arma invencible.» ¿Y qué puedes hacer con ella?

Ajá, vuelvo a ser el centro de atención. Después de tantos meses ocultando mi identidad secreta, me apetecía un poco de notoriedad cósmica.

—Pues la verdad es que nunca he probado el Tridente. Como Alex y yo llegamos juntos hasta la final, acordamos que se lo quedase ella.

—¡¿Lo tienes tú?! —Los tres asaltan a Alex, emocionados. Se han olvidado de mí otra vez—. ¡Qué pasote!

A mediodía llegamos a lo profundo del valle, donde buscamos un ejemplar de pino huyoco. Desde que Alex es Amaz∞na (o mejor dicho, desde que los Tres Viciados lo saben), mis compañeros hacen todo lo que ella les dice. De pronto ya no se quejan del «asqueroso aire puro», atienden cuando mi amiga les explica las distintas especies de plantas y contienen la respiración al ver un pájaro carpintero haciendo su trabajo. Por algún extraño motivo, se sienten parte de un programa en vivo de Amaz∞na, como si el bosque de secuoyas se hubiese transformado de pronto en un planeta de MultiCosmos. Los tres compiten por ver quién es el primero en conseguir una piña del huyoco.

Después de una comida frugal que el propio TriViciato se

encarga de recolectar siguiendo las instrucciones de Alex, afrontamos la última etapa de la yincana. Todavía quedan quince kilómetros hasta el observatorio astronómico, pero parece poco en comparación con lo que hemos recorrido desde la mañana. La etapa de ayer parece un paseo en comparación. Y por primera vez estamos dispuestos a cualquier cosa por ganar. Es la propia Alex quien tiene que rebajar el entusiasmo.

—Os agradezco muchísimo el esfuerzo. Sois increíbles, animalitos. —Los tres dan saltitos histéricos cuando Alex utiliza la misma expresión que han oído un millón de veces en *La Hora de Amaz∞na*—. Pero estamos demasiado lejos de la meta. Tenemos que seguir el río, y eso nos llevará por lo menos cinco horas si caminamos deprisa.

Los tres se abalanzan sobre el mapa y discuten en voz baja. Alex y yo nos hemos acostumbrado a dejarlos trabajar; desde que creen que el bosque es MultiCosmos, no hay quien los detenga. Unos segundos después concluyen su concilio privado y se dirigen a nosotros:

—¿Cuánto tardaríamos en llegar al observatorio... si viajásemos por el río?

La pregunta pilla a Alex por sorpresa, que se encoge de hombros.

—Sería mucho más rápido, pero es imposible. No tenemos una embarcación. Mejor empezamos a caminar y...

Pero el trío ya no la escucha. Sin hacernos ni caso, repasan de memoria las instrucciones del planeta Aquamón para construir barcas. Quiero decirles que es imposible, que no contamos con herramientas, pero en menos de diez segundos ya ha desaparecido cada uno por su lado. Alex y yo nos sentamos a esperar hasta que regresan con el material necesario. Sam ha partido una roca y utiliza la punta afilada para cortar. Tobías vuelve con tantas ramas que parece un leñero andante. Lucas saca la lengua mientras ata las piezas con la cuerda que hemos traído y otro puñado de hierbas resistentes. Las instrucciones que se cruzan son calcadas de MultiCosmos, pero la embarcación improvisada que aparece ante Alex y yo es real. Ninguno se atreve a decir palabra hasta que terminan.

—¡Tachán! —anuncian a la vez.

—No sé yo si aguantará sobre el agua... —dice mi amiga, preocupada. Pero los Tres Viciados arrastran la barca hasta el río y comprobamos que flota. Después se suben los tres por turnos, y comprobamos que resiste, apenas se ha hundido un poco—. Vaya, pues sí que está bien hecha.

El río no es demasiado profundo, así que el único peligro que corremos si volcamos es pillar un resfriado. Alex y yo subimos a continuación, todavía maravillados con la capacidad de trabajo del TriViciato. Mi amiga empieza a recuperar la fe que había perdido en la patrulla.

—Está bien, lo intentaremos. —Lucas, Sam y Tobías sonríen felices. Han conseguido la aprobación de su ídolo—. Soltad amarras. ¡Partimos hacia el observatorio!

El trayecto en río es tan emocionante que las horas pasan sin que nos demos cuenta. Los cinco aplicamos nuestros conocimientos multicósmicos a la navegación, y al final resulta que no son tan diferentes de los de la vida real. Vale, en este río no nos persigue ningún monstruo deforme, es agua en vez de lava y al pequeño no le llega ni a la cintura, pero nada de eso consigue que no sintamos la misma adrenalina que unos regatistas olímpicos. Después de todo, estamos acercándonos a la meta a una velocidad de relámpago, teniendo en cuenta que nadie daba un céntimo por la patrulla Chorlito.

—¿Cómo se llama ese árbol? ¿Y ese otro? —pregunta el trío a cada rato. Están descubriendo la naturaleza—. ¡Cómo mola ese tuitero!

—Se llama «pájaro», bruto.

Los Tres Viciados están absortos con el rollo que Alex les cuenta, y eso que ya no les habla de MultiCosmos; mi amiga ha conseguido que le presten atención incluso a su lección scout, y después de un día y medio de yincana (y casi dos semanas de campamento), Lucas, Sam y Tobías empiezan a interesarse por las cosas que antes hacían que se tapasen los oídos. Le guiño un ojo a Alex, impresionado. Eso no significa que yo le preste mucha atención; mi cerebro está concentrado en la final del Mega-Torneo que se celebra esta noche. Tengo posibilidades reales de ganar.

Anochece cuando el río desemboca en el lago de un valle y dejamos la barca atada a la orilla. Tenemos que dirigirnos al este, pero los Tres Viciados ya no necesitan brújula para orientarse: les basta con el movimiento del sol. Alex no tiene que intervenir ni una sola vez para corregirlos. Un rato después aparece el observatorio astronómico sobre un promontorio, y no podemos contener la emoción de gritar y bailar. ¡Lo hemos conseguido!

Subimos con el corazón en un nudillo (que es más pequeño que un puño), intrigados por saber si se nos ha adelantado otra patrulla. Alex se encarga de llamar a la puerta del moderno edificio y contenemos la respiración hasta que abren. La cara de sorpresa del científico deja claro que no nos esperaban tan pronto.

—Pero ¿no ibais a llegar mañana?

—Teníamos prisa —respondo, y entro sin esperar a que me invite a pasar.

Alex me sigue, pero cuando estoy a punto de preguntar dónde tienen ese superordenador (el MegaTorneo no espera), vemos que los Tres Viciados se quedan fuera. Les insistimos que entren, pero niegan con la cabeza. ¿No se morían de ganas de conectarse a MultiCosmos? Alex y yo no entendemos nada.

—¿Podemos quedarnos fuera a dormir? —pregunta el mediano, sin mirarnos siquiera—. Es que el cielo está espectacular, macho.

—Esto sí que mola —dice el pequeño, boquiabierto. Aquí arriba no hay secuoyas que tapen la bóveda celeste y se ven más estrellas que en la entrega de los Oscar—. Podemos dormir sobre la hierba.

—Como scouts —concluye el mayor, y los tres se tumban en silencio a contemplar el cielo.

Alex abre tanto los ojos que casi tengo que cogerlos al aire. Cuando el astrónomo les ofrece ver las mismas estrellas desde el telescopio, los Tres Viciados se niegan en redondo: no quieren ni oír hablar de ponerse bajo techo, aislados del bosque. Pues sí que se lo han tomado a pecho; han volcado en la naturaleza el mismo entusiasmo que sentían por MultiCosmos hace menos de dos días. Al final todas las obsesiones se parecen. Ahora son frikis de lo verde, así que los dejamos fuera.

—Qué alegría recibir a dos jovencitos tan entusiastas del observatorio... —dice el científico, un hombre alto y calvo como una farola—. ¿Qué queréis ver primero? ¿Júpiter? ¿Marte? ¿Quizá los anillos de Saturno?

—¿Podemos ver el superordenador? —le pregunta Alex. El astrónomo se rasca la oreja por si ha escuchado mal, pero le repito la pregunta. Los dos parecemos tan responsables que sólo nos falta una aureola de santo levitando sobre nuestras cabezas.

—Supongo que sí... Claro, claro. —Nos acompaña a la sala principal, donde está la máquina de mis sueños, y nos deja un par de sillas para que nos sentemos frente a la pantalla del ordenador—. Es la máquina más potente del país, ¡un prodigio de la informática! Lleva tres años resolviendo ecuaciones para desvelar el origen del universo y está casi a punto de lograrlo. ¡El gran enigma del cosmos, un hito sin precedentes! —Suelto un bufido de impaciencia. Alex se percata y me da un codazo—. Pero también podéis usarlo para jugar al *Buscaminas*, o lo que sea que hacéis los jóvenes, jajaja. Iré a prepararos unos tazones de leche.

Miro el reloj: apenas falta media hora para que comience la última fase del MegaTorneo. Mis dedos vuelan sobre el teclado. Inicio sesión. Estoy dentro.

\<Solo contra QwFkr\>

Nada más conectarme, salta un vínculo que me traslada directamente al estadio del planeta Beta2. Aparezco en el camerino de la última vez, con Celsius y su cara de quiero-estrangularte. Saltan chispas de su corona de llamas.

—Tú no sabes lo que es la puntualidad, ¿verdad?

Los miniMobs me peinan, me maquillan y hasta me cepillan los dientes. Cuando el Administrador Supremo se da por satisfecho, da dos palmas y todos los miniMobs huyen despavoridos. La asistente de la organización se queda con nosotros, aunque con su vestido de florero pasa desapercibida.

—Es la gran noche, chico. ¿Serás capaz de aguantar conectado hasta el final, o mando ya un chimpancé para que te sustituya?

—No sé. ¿Qué tal te entiendes con los monos?

Celsius finge que no me ha oído.

—Vamos a salir ahora mismo al escenario. No quiero presionarte, pero estamos teniendo una audiencia estratosférica. La final de la Copa Intercontinental se celebra a la misma hora y tenemos que reducir su audiencia a un torneo de petanca de pueblo. —Celsius me da una palmadita en la espalda con tanta fuerza que casi me parte en dos. No sé si quiere animarme o aniquilarme—. Demuestra que no conseguiste ese Tridente de Diamante de pura chiripa.

El Administrador Supremo se marcha para comenzar la retransmisión al mismo tiempo que recorro una pasarela hasta el centro del estadio. Hay cinco cámaras atentas a cada movimiento que hago, y por la pantalla flotante veo que lo mismo ocurre con Qwfkr, mi archienemigo. El ex Usuario Número Uno no se corta en lanzarme miradas de odio. No tiene lo que se dice buen perder. Mientras, un periodista termina de entrevistar a los ex participantes. Veo a SuperRouter, Sidik4 y Spoiler haciendo sus apuestas por el ganador. Parece que Qwfkr es la opción favorita de la mayoría.

Elevada sobre una tarima, la cantante Tina Moon, la voz más famosa (y cansina) de los últimos tiempos, entona las últimas notas de su nuevo hit, *Me gustas es sólo un botón.*

Si me levantas el pulgar,
puedo creer que me quieres.
Entonces te envío un wasap,
pero lo lees y no respondes.

El público de las gradas está eufórico. Normal; Tina Moon suena hasta en el hilo musical del ascensor.

A la actuación le sigue un anuncio de un refresco patrocinado por GlendaGlitter™, una crema tonificante de la marca GlendaGlitter™ Beauty y la propia GlendaGlitter™ promocionando su *reality show*.

Cuando por fin termina la publicidad, los coros de los asistentes se dividen entre «¡QWFKR!» y «¡DESTROZAPLANETAS!», nuestros respectivos fans. Ahora que lo pienso, no estoy seguro de que los que gritan «Destrozaplanetas» lo sean...

¡BIENVENIDOS A LA FINAL DEL MEGATORNEO!

¡EL DUELO DEFINITIVO ENTRE EL USUARIO NÚMERO UNO ACTUAL... Y SU PREDECESOR! ¡UNA LUCHA SIN CUARTEL POR REVALIDAR EL TÍTULO... O RECUPERARLO!

LA ÚNICA NORMA ES QUE NO HAY NORMAS. LOS RIVALES PODRÁN EMPLEAR CUANTOS COMANDOS DESEEN, PERO NO PODRÁN RECUPERAR LA BARRA VITAL NI HUIR. TAMPOCO HAY LÍMITE DE TIEMPO. Y EN CUANTO AL ESCENARIO... DEJEMOS QUE LO DESCUBRAN ELLOS MISMOS.

¡COMIENZA LA LUCHA!

Celsius hace una floritura en el aire y la arena se oscurece. Ya no veo las gradas, y mucho menos a Qwfkr. Esto se pone regular.

La tecnología del estadio insonoriza también las gradas. Sin luz y sin sonido, estoy más desorientado que un submarino en el Sáhara. Sólo puedo contar conmigo mismo. Y con la espada binaria, ¡claro! La desenvaino y doy dos golpecitos contra el suelo para activar la función de luz. El interior del arma se enciende como un tubo de neón azul; mejor, al menos ahora veo mis pies. Levanto la espada y la giro como una hélice sobre mi cabeza para iluminar a mi alrededor. No hay nada, sólo vacío. Pero dudo que haya millones de espectadores pendientes de un pantallón negro; seguro que nos están viendo con infrarrojos.

—¿Tienes miedo?

La voz de Qwfkr suena en un punto indeterminado. Muevo la punta de la espada en todas direcciones sin éxito; el avatar no aparece, pero está cerca, lo sé. Entonces me acuerdo de que todavía llevo la holopulsera en la muñeca y, nervioso, le doy la orden de rastreo:

El usuario Qwfkrjfjjirj%r se encuentra a 3 millapíxeles de distancia

Hago un cálculo mental (los cálculos cósmicos son los únicos que se me dan bien) ¡y significa que está a tres pasos! El Cosmic continúa oculto en las sombras, pero yo cada vez estoy más nervioso. Me pongo a dar espadazos a diestro y siniestro hasta que escucho otra vez su voz:

—Ya es hora de que MultiCosmos conozca el impostor que eres.

De pronto se enciende una luz púrpura a mi derecha que me obliga a saltar como una rana para esquivar el rayo. Sale humo del suelo cuando impacta en él. ¡Por qué poco! Pero Qwfkr no se da por vencido y, a continuación, empieza a disparar un rayo tras otro, sin tregua, mientras yo me esfuerzo por esquivarlos a la velocidad de la luz. Está claro que tiene gafas de visión nocturna. Los rayos me pasan entre las piernas, los brazos e incluso entre el pelo de mi cabeza, pero ninguna da en el blanco. Yo me muevo tanto que más que luchar parece que esté bailando una danza tribal (¡benditos comandos del planeta Conga!).

—¡Ja! ¿Quién es el paleto ahora? —le digo después de esquivar un centenar de proyectiles.

De repente un rayo púrpura me impacta en el pie. Vaya, un ♥ menos. Por bocazas. Qwfkr suelta una carcajada de triunfo, pero por poco tiempo. Puede que no esté acostumbrado a moverme sin luz, pero la oscuridad no va a ser una excusa para perder: tecleo _ + Mayús para propinar un pisotón ultrasónico en el suelo de la arena y el efecto es inmediato: la onda expansiva empuja a Qwfkr hacia atrás y rueda por el suelo. Escucho un «¡uuuy!» de la mitad de los asistentes; la otra me vitorea. Qwfkr suelta una palabrota tan gorda que el traductor automático de MultiCosmos no encuentra traducción.

Pero la alegría me dura poco, exactamente hasta que el suelo se ilumina y toma un tono verdoso. Las luces empiezan a moverse en ondas. Mi archienemigo y yo nos preparamos para lo que pueda suceder. Entonces suena un rugido de motor y Qwfkr y yo nos tememos lo peor. De debajo de nuestros pies emergen, a toda velocidad, brotes que se convierten en tallos, que en menos de un segundo ya son árboles gigantes. Nos pilla tan de sorpresa que no nos da tiempo a saltar. Nos agarramos como podemos al tronco para no caer, mientras seguimos subiendo como un ascensor sin frenos.

Las gradas del público también se elevan, nadie quiere perderse el espectáculo. Los árboles sobre los que estamos Qwfkr y yo se separan a poca distancia, sólo que en este momento un mal paso significa una caída libre mortal, así que nos limitamos a encararnos con mala uva. Si hay miradas que matan, lo nuestro es la Tercera Guerra Mundial. A la velocidad con que ascendemos es inútil esforzarse en dispararnos.

Nuestros dos árboles gigantes no son los únicos, y cuando se elevan otros superbrotes cerca de nosotros, Qwfkr es el primero en tomar la iniciativa de saltar. Da un brinco a otro árbol cercano, y luego a otro, y después al siguiente...,

y entonces comprendo su plan: viene hasta mí saltando igual que una cabra montés. Cuando está a poca distancia para no fallar, apunta con el dedo índice y dispara su rayo púrpura directo a mí. Por suerte, impacta dos palmos por debajo, atravesando el tronco de lado a lado.

—¡Pf! ¡Menuda porquería de puntería! —me burlo. Ni siquiera me ha rozado.

Pero Qwfkr sonríe de un modo siniestro y enseguida me doy cuenta de mi error: el rayo ha partido el tronco y el árbol empieza a venirse abajo. ¡Como me caiga, estoy perdido! En el último microsegundo consigo saltar hasta el tronco más próximo.

Qwfkr repite su estrategia, así que tengo que saltar de árbol en árbol, sin oportunidad de contraatacar, mientras pierdo dos ♥ y el guante letal de mi rival echa humo. ¡Maldita espada binaria que sólo funciona en las distancias cortas!

Yo
♥ ♥ ♡ ♡ ♡

Qwfkrjfjjirj%r
♥ ♥ ♥ ♥ ♡

En uno de los saltos consigo tocar una de las cajas misteriosas que está encajada entre dos ramas. Cruzo los dedos para que sea un arma a la altura de la de Qwfkr, pero lo que encuentro en su lugar es... un bumerán. Exactamente un Bumerán Colleja. Me quedo mirándolo, dudando entre usarlo o tirarlo directamente al vacío, cuando de pronto me pasa al lado un rayo púrpura y decido actuar: arrojo el bumerán contra Qwfkr con todas mis fuerzas. Sin embargo, fallo la única oportunidad que tenía y el bumerán se pierde en la oscuridad. El ex Usuario Número Uno sonríe; cada vez siente más próxima su victoria.

Ya no quedan más árboles a los que saltar, Qwfkr los ha hecho volar uno tras otro. Si dispara otra vez, estoy perdido. Los dos nos miramos por última vez. Él levanta el guante para rematarme, cuando... ¡Sorpresa! Algo lo golpea por detrás y pierde su segundo ♥ del duelo.

El Bumerán Colleja continúa su vuelo hasta mí y se posa cósmicamente en mi mano. ¡Esto se pone interesante!

Lástima que Qwfkr no soporte perder. El siguiente rayo púrpura revienta el tronco de mi árbol y caigo al vacío. Lo último que escucho es un grito de victoria.

Pues que no lo celebre todavía, porque sigo vivo. He sacado del inventario una cuerda con lazo y me he colgado del árbol sobre el que está mi rival. Mientras él se pavonea ante las masas como si ya hubiese ganado, trepo hasta su rama y le doy tal susto que las letras del nick empiezan a darle vueltas. Saco la espada y le propino una estocada que le resta otro ♥, pero él reacciona más fuerte con un guantazo que detengo de chiripa. Así estamos durante varios minutos, en un intercambio de golpes que deja muda a la audiencia. Ni siquiera Celsius interrumpe con su retransmisión. El planeta entero (y no me refiero a Beta2, ¡sino a la Tierra!) está atento a cada movimiento del duelo que se vive sobre una finísima rama. Nuestras barras vitales están al mínimo, ya no hay posibilidad de fallar.

Qwfkr aprovecha un mandoble demasiado largo por mi parte para darme una patada en el estómago. ¡Uch! Pero no espera que aguante el impacto, y se lo devuelvo con un cabezazo de toro. Lo tengo a punto de caramelo; esta rama virtual no puede ser muy distinta de las reales, así que aplico la lección scout para partirla por el punto más débil, y consigo que Qwfkr caiga con ella. ¡¡¡HE GANADO!!!

Pues no. La cuerda con la que he escalado hasta aquí se estira misteriosamente, hasta que se tensa del todo y me empuja de golpe al vacío. ¡Se me había enredado al tobillo sin querer! Qwfkr y yo caemos a la vez, sólo que él tiene recursos: activa sus zapatillas de propulsión y consigue detener el descenso. Ahora me espera con el guante abierto a que yo llegue hasta él por efecto de la gravedad.

Mientras caigo, hago un rápido repaso del inventario:

no tengo ningún objeto propulsor ni vehículo aéreo para detener lo inevitable. ¡Repíxeles! ¿Por qué compraría yo esa lámpara de lava en vez de un paracaídas? Faltan menos de diez segundos para el impacto y ya no tengo nada que hacer. Qwfkr vuelve a sentirse ganador.

Espera. Puede que no tenga ningún paracaídas en la mochila de Pandora, pero ¿acaso la mochila de Pandora no puede hacer de paracaídas? La descuelgo de mi espalda y abro al máximo la cremallera. Agarro las asas como una bolsa y enseguida se infla igual que un globo. Los objetos del inventario caen sobre mi cabeza: un sándwich de *spam*, dos pociones curativas, un pisapapeles con forma de cerdito... La mochila demuestra que puede contener cualquier

PLONF

TAP

cosa en su interior por grande que sea, incluido aire; la bolsa se infla cada vez más, frenando la caída y salvándome la vida. Qwfkr aprieta los dientes, decepcionado. Lo he conseguido otra vez. Ya estoy casi en el suelo. Poco antes de llegar, nos espera otra caja misteriosa. Los dos hacemos esfuerzos en el aire por alcanzarla primero, pero Qwfkr es más rápido y la toca antes que yo. Su cara es un poema al comprobar que es una bomba trampa. El impacto nos alcanza a los dos y perdemos otro ♥. Ahora sólo nos queda uno por Cosmic, y ninguno se va a dejar ganar.

El impacto también ha agujereado mi paracaídas y me doy de bruces contra el suelo; menos mal que ya casi había llegado. Qwfkr aterriza suavemente unos segundos después.

La arena del estadio ha vuelto a cambiar. La superficie es ahora un estanque de agua, y los dos estamos metidos hasta los tobillos. Qwfkr abre la palma de la mano enguantada para generar un torrente de energía púrpura; un segundo después lo arroja contra mí, enfurecido. Logro contenerlo con la espada. ¡Por qué poco!

Pero Qwfkr está harto de mi resistencia a morir y arroja una segunda bola de energía mayor que la anterior. De nuevo consigo bloquearla con la espada. Me pregunto durante cuánto tiempo más podré resistir, sin un arma de fuego y con un solo ♥ en la barra vital.

Mi archienemigo lanza la tercera bola de energía púrpura. La espada binaria tiembla al contenerla, pero resiste. «No me falles ahora», le pido en voz baja, aunque ya-sé-que-las-espadas-no-tienen-orejas, eso son los sillones. A Qwfkr le chisporrotean los ojos de furia cuando genera la bola de energía más grande de todas, suficiente para hacer estallar una ciudad por los aires, y me la arroja con tanta furia que estoy seguro de que no voy a sobrevivir. El público chilla de miedo. Pero, por última vez, la espada contiene el ataque, aunque el filo ha perdido su brillo azulado de siempre y refulge con un siniestro color púrpura idéntico al del guante. Está tan caliente que me deja marcas en los dedos, y temo que vaya a estallar.

Qwfkr sabe que no tengo ninguna oportunidad y se acerca a mí con aire triunfal. Sus pasos resuenan en el agua y provocan pequeñas olas que golpean contra mis piernas temblorosas. Camino instintivamente hacia atrás y de pronto caigo de espaldas sobre una balsa; es mi paracaídas fallido, que flota tristemente sobre el estanque.

Casi lo tengo encima. Ni siquiera puedo pensar en el ridículo que estoy haciendo delante de todo el mundo (un momento..., sí que puedo, lo estoy haciendo ahora mismo). Sólo espero que sea rápido e indoloro, o por lo menos rápido. Ojalá que mis fans se tapen los ojos. Ni siquiera aguanto la quemazón de la espada binaria, que acaba escurriéndose de mis dedos y cae al agua.

—Vuelvo a ser el rey —son las últimas palabras de Qwfkr.

De la punta del dedo índice emerge una diminuta bola de energía, la definitiva, pero seguro que la más letal. Parece un átomo de destrucción. Lo más inquietante es la expresión en el rostro de mi enemigo: no sonríe, no celebra su triunfo. Cualquiera diría que esto le duele tanto como a mí.

De pronto le cambia la cara y puedo ver el código binario de su esqueleto. Está electrocutándose, *energiticándose* o como repíxeles se diga. Aprieta los dientes y los ojos se le ponen como equis. Tardo unos instantes en comprender la situación: al caer al agua, la espada binaria ha provocado un chispazo épico. El filo estaba tan requetecargado del rayo letal púrpura que éste se ha propagado por la charca como la electricidad y la descarga ha alcanzado a Qwfkr. Está agitándose más que un batido en el patio de un colegio. El estanque entero hierve y suelta chispas, mientras yo me mantengo a salvo por el aislante de la balsa-paracaídas. Ahora entiendo el consejo que Anonymous me dio en Caos: «Revierte el poder de ese guante a tu favor», me dijo justo antes de despedirnos. La espada binaria ha contenido la energía púrpura y la ha revertido contra él.

El avatar pasa por toda la paleta de colores hasta llegar al negro y después estalla en una nube de humo. Nadie, ni los Masters, ni Celsius, ni el público ni yo decimos nada.

ELIMINADO

Reina un silencio absoluto, hasta que de repente el estadio se arranca con una ovación atronadora.

Adiós al Cosmic más famoso de los últimos diez años. Ahora sí que me va a odiar (su yo real, porque el avatar ya no va a poder hacerlo). De pronto las gradas rompen a aplaudir y se ven luces con mi nombre en cada grada (incluso en las que hasta hace un segundo apoyaban a Qwfkr, ¡qué veletas!). Yo estoy que todavía no me lo creo, y menos aún cuando el suelo empieza a temblar. Por lo visto, el torrente de energía púrpura no sólo ha afectado al estanque.

El Administrador Supremo aparece junto a mí y levanta mi brazo en señal de victoria. Por la cara de incredulidad que pone, está claro que no daba ni una cosmoneda por mí.

—¡¡¡ENHORABUENA AL GANADOR!!! Te entrego la medalla del MegaTorneo en nombre de los cinco Masters.

Celsius cuelga el trofeo de mi cuello, pero no tengo tiempo para mirarlo: justo en medio de la arena emerge una grieta que alcanza las gradas y las sacude en el aire. Se oyen gritos de terror. El estadio empieza a tambalearse.

Cuando empiezo a temer ser el responsable, de repente las pantallas flotantes del estadio cambian mi primer plano por una cara que conozco bien. El avatar que aparece en pantalla es idéntico a la forajida que buscaban en Caos, y clavadita a Aurora, la científica de la casa-árbol. Esa cara menuda, los ojos almendrados, la melena pelirroja con forma de diente de león... Es inconfundible.

—*Beta2 ha sido hackeado.* —La voz que sale de sus labios y se escucha por megafonía no se parece en nada a la de Aurora. Suena mucho más grave y robótica, como si estuviese distorsionada—. Este planeta se autodestruirá en 59 segundos... 58... 57...

El pánico se apodera del estadio. El único que parece sereno es Celsius, que se eleva sobre el estanque de la arena como un espíritu y se pone a dar órdenes a todo quisqui. Es lo que tiene ser el Administrador Supremo.

—¡Evacuación! ¡Todos a las salidas de emergencia!

Los miniMobs y los Moderadores intentan organizar una salida del público ordenada, pero los Cosmics de las gradas son demasiados y escapan del planeta de estampida. El Transbordador parece una lata de sardinas. Yo tengo que huir también, aunque aprieto la medalla con el puño para asegurarme de que es mía. ¡¡¡HE GANADO!!! Y Aurora es una hacker, tengo que procesar eso. PERO ¡¡¡HE GANADO!!!

—¡Destrozaplanetas, lo has vuelto a hacer! ¡Ahora te has cargado Beta2! —me grita una seguidora de Qwfkr mientras huye.

—¡Que yo no he sido! —protesto, pero es inútil. Ahora sí que no me libraré jamás del apodo.

Los Moderadores consiguen desalojar el planeta antes de que se volatilice. Una vez estamos todos a salvo en el Transbordador, veo que explota como un grano de maíz y queda algo parecido a una palomita. Ése iba a ser el micromundo del ganador, pero está claro que no puedo ganar como un Cosmic normal.

Voy a necesitar tiempo para comprender a Aurora. ¿Qué planeaba en el bosque? ¿Quería atacarme y los Moderadores lo evitaron a tiempo? ¿Por qué querría destruir Beta2? Bueno, ya tendré tiempo de averiguarlo. Lo importante es que no ha conseguido su objetivo, pues el planeta ha sido evacuado a tiempo. Aunque a mí sí que me ha fastidiado, porque Beta2 era el trofeo del ganador. Ahora parece una patata aplastada. Con lo que molaba…

Me despido temporalmente de Beta2 con una lagrimilla en el ojo (en el real), porque ahora que he ganado, me dan igual los rollos de Celsius, los índices de audiencia o las primeras entrevistas. Vuelvo a la vida real.

Alex y yo chocamos la mano, cierro sesión y apago el superordenador del observatorio astronómico.

—Enhorabuena, animalito. Sabía que lo conseguirías.

Pero el ruido de unas tazas rompiéndose contra el suelo nos saca de nuestro ensimismamiento. El astrónomo tiene la jeta desencajada.

—¡¿HABÉIS APAGADO EL ORDENADOR?!— grita de pronto. Salta sobre la pantalla oscura y se le empañan los ojos de lágrimas. Después se arranca los pocos pelos que le que-

dan—. ¡¡¡Estaba a punto de descubrir el origen del universo!!! ¡Adónde vamos, de dónde venimos! ¡¡¡Ahora tendrá
que empezar de cero!!!

—Ups. Mejor vamos a pasar la noche fuera... —me excu-
so, y huimos del escenario del crimen. Alex y yo salimos del
observatorio silbando.

\<Un crimen multicósmico\>

La noche a la luz de las estrellas, junto al observatorio, es la mejor del campamento, quizá porque es cuando más lejos estamos de él. Alex nos cuenta un montón de historias de las constelaciones, los mitos que les dan nombre y las peculiaridades de los planetas, los de verdad, no GossipPlanet y los demás. Al final va a ser cierto que hay muchas cosas guais allá fuera, en el cosmos, y nosotros estábamos concentrados en la pantalla del ordenador.

—Los Masters acertaron con el nombre de MultiCosmos, machos... —dice Lucas. Alex carraspea, ofendida—, y hembra.

Los demás grupos no llegan hasta la mañana siguiente. ¡Tendríamos que haber hecho fotos a sus caras de sorpresa al descubrir que ya estamos aquí! La patrulla Chorlito ha pulverizado todas las marcas y se ha hecho con la suma final de puntos. No podemos esperar a volver al campamento para recoger nuestro premio y restregárselo a Jota por la cara. A ver a quién llama «novatos» ahora.

Pero el regreso todavía nos depara una sorpresa final. Cuando llegamos junto a las tiendas principales, el dictador adolescente tarda una eternidad en salir. Por un momento nos parece escuchar un grito de gol, pero eso es imposible:

en el campamento no hay electricidad, y mucho menos televisión. Alex está tan impaciente por recibir las felicitaciones de su querido líder que abre la tienda sin llamar y todos soltamos una exclamación al ver lo que hay dentro: Jota está sentado en un sillón, con la boca naranja de comer ganchitos y mirando absorto la pantalla de un televisor. Sí, un televisor que está emitiendo la quinta repetición de la Copa Intercontinental. Su cara al vernos es un auténtico picasso.

—Venía a decirte que hemos vuelto... —consigue articular Alex, desencajada.

No en vano ha capitaneado la patrulla ganadora del campamento, pero Jota, en vez de darnos la enhorabuena, intenta sacarnos de la tienda principal y fingir que no ha pasado nada. Comienza a inventarse castigos absurdos para que corramos en la Rueda, cualquier cosa con tal de que la hagamos girar. Está obsesionado. Pero entonces Alex, que durante dos semanas ha babeado con cada palabra de Jota, se transforma como un licántropo en luna llena. Se le ha caído la venda de los ojos. Pasa de la admiración a la sorpresa y la furia en tiempo récord, y yo ya sé de lo que es capaz cuando se lo propone.

—¿¿¿Se puede saber qué es esa tele???

—Un invento de...

—¡YA SÉ QUÉ ES UNA TELE, PERO AQUÍ NO HAY ELECTRICIDAD! —chilla Alex. Entonces agarra el cable del televisor, estira de él y lo sigue hasta la parte exterior de la tienda principal. El hilo estaba enterrado en la tierra y por eso no lo habíamos advertido en todo este tiempo.

—¡No os quedéis así! —responde un Jota irreconocible. Se comporta de un modo muy sospechoso—. ¡Poneos a correr en la Rueda ahora mismo si no queréis que os elimine de la yincana!

—¡Hemos ganado la yincana! —le suelta Alex, y Jota casi se desmaya—. No pienso consentir que castigues a mi patrulla otra vez. ¡Los cuatro han demostrado fuerza de superación, voluntad, ilusión, constancia y un montón de paciencia!

—¡Me da igual lo que digas...! —insiste Jota, que ha perdido el apoyo de la totalidad del campamento—. Alguien tiene que correr en la Rueda... No puede dejar de girar.

Alex ignora sus gritos, llega hasta el final del cable y barre las hojas del suelo hasta descubrir que sale de un generador eléctrico conectado a la Rueda. Jota no sabe dónde meterse.

—¿Es lo que creo que es? —Mi amiga está tan seria que nadie se atreve a respirar. Jota, que normalmente se muestra tan gallito, ahora no osa levantar la vista del suelo—. ¡Un generador eléctrico! ¡Conectado a tu tele! Por eso no querías que la Rueda dejase de girar, ¡necesitabas su energía para que funcionase la televisión!

¡Era eso! Jota no nos castigaba por haber hecho las cosas mal, sino para que hiciésemos girar la Rueda y, de ese modo, poder disfrutar él de la Copa Intercontinental en su tele secreta. Precisamente el mismo psicópata que nos confiscó todos los aparatos eléctricos al llegar al campamento.

—No os enfadéis, chicos... —dice con un tono persuasivo. Está irreconocible, hasta parece que ha encogido diez centímetros—. ¿Cómo iba a perderme el evento deportivo del año? Si cada uno corre un poco en la Rueda, generaremos suficiente electricidad para unas horas. ¡Os dejaré ver los partidos que queráis! ¿Es que los scouts no somos generosos?

—No te atrevas a llamarte «scout», Jeremías.

Alex le arranca el silbato dorado de un tirón. Los demás scouts estallan de alegría, pero lo mejor es la cara de los Tres Viciados. Durante dos semanas han sufrido la tiranía de Jota, quien presumía de no acercarse nunca a una pantalla. El hecho de que sus castigos hayan alimentado la tele del Jefe Scout los indigna a niveles estratosféricos. Cuando los tres agarran a Jota y lo atan a una secuoya, nadie mueve un dedo por impedirlo. No pasará nada porque se quede ahí unas horas, al menos hasta la noche.

Después de la cena se reparten las condecoraciones y los jefes de patrulla acuerdan por unanimidad ascender a Alex a capitana de pleno derecho, aunque todavía no tenga la edad. El momento más emocionante es cuando Sam, Lucas y Tobías reciben su pañoleta. Los tres hacen su juramento scout con todo el campamento de testigo. Hasta yo me emociono un poquito, pero sólo un poquito. La naturaleza no estaba tan mal como pensaba, pero me muero de ganas por volver a casa, encender el ordenador y jugar.

Nuestro éxito en la yincana nos ha catapultado hasta el primer puesto del campamento. Casi no me lo creo cuando la sustituta de Jota suma la puntuación final y coloca la patrulla Chorlito en lo más alto. Mi vida real y mi vida virtual están empatadas: he pasado de *pringao* total a Usuario Número Uno en todas partes. Los demás equipos se levantan para aplaudirnos cuando recogemos nuestra primera condecoración, la de «Mejor Patrulla del Verano». Vale, una insignia no es nada al lado de la colección de los demás, pero nos hemos hecho con la más importante. Pensándolo bien, esto ha costado más esfuerzo que hacerme con el Tridente de Diamante y el MegaTorneo juntos. Los demás scouts no paran de aplaudir durante diez minutos; creo que están flipando tanto como nosotros.

Cuando llega el autocar para recogernos, soy el primero en tomar asiento. Jota lo hace en primera fila junto al Jefe de Tropa, que ya ha vuelto del hospital y está alucinando con las historias que le cuentan. Creo que sospecha que Jota le dio la seta envenenada, pero no puede probarlo. Quién iba a decir que Alex sería la encargada de destapar al subjefe...

—¿Gustarme, a mí? —Alex se pone roja como un tomate cuando lo insinúo—. ¡Sólo lo admiraba, nada más! ¡Qué cosas dices, animalito!

Pero se ha cubierto con la pañoleta hasta la nariz, no sea que vea su cara de vergüenza.

Tras un viaje lleno de curvas y canciones horripilantes, el autocar entra en la ciudad. La despedida de los Tres Viciados me hace soltar una lagrimilla, pero es que han sido muchas emociones estando juntos (o torturas, mejor dicho). Casi no doy crédito cuando veo a cada uno con su familia. ¡Al final era verdad que no eran hermanos! No paran de presumir de su pañoleta scout y nos dicen adiós con el saludo de los tres dedos. Creo que sus padres están flipando; la última vez que los vieron estaban furiosos porque no querían despegarse del ordenador.

A nosotros dos nos recogen las madres de Alex. Después de darse un millón de besos, nos metemos en el coche y vamos directos a mi casa. Durante el trayecto mi amiga se pone a contar cada día del campamento (curiosamente, no dice ni una palabra de Jota); describe hasta los desayunos, así que me pongo a hojear un periódico que han dejado abandonado en el asiento trasero. El titular me golpea en el estómago y me pone las tripas del revés:

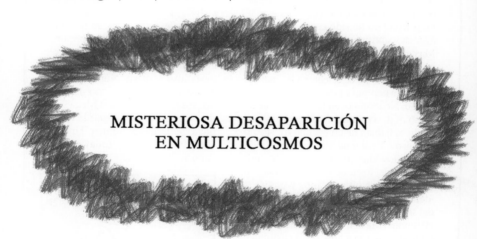

**MISTERIOSA DESAPARICIÓN
EN MULTICOSMOS**

Sigo leyendo toda la noticia para ver de qué se trata.

No 5465803

LA VOZ

05/689

MISTERIOSA DESAPARICIÓN EN MULTICOSMOS
Master sospechosa de crimen se da a la fuga

Los Masters vivían estas semanas las felices celebraciones del décimo aniversario de MultiCosmos, y era la primera vez que acudían a un evento después de seis años en la sombra. Por desgracia, la notoriedad no ha sido como esperaban: ayer descubrimos que Aurora Aube, la Master conocida con el nick de Enigma, está en busca y captura. Primero hackeó el planeta donde se celebraba la final del MegaTorneo para posteriormente destruirlo. No se conocen los motivos de su cambio de conducta, aunque algunos médicos hablan de un posible «trastorno cósmico». El ataque hizo saltar las alarmas de los Masters G0dNeSs, Mr Rods y Mc_Ends, los únicos que conocían su aspecto en los últimos años y pudieron identificarla enseguida como la autora del sabotaje. Preocupados porque Nova, el quinto Master, no respondía a sus mensajes, fueron a buscarlo a su domicilio y descubrieron que la cerradura estaba forzada y el interior, vacío. El nick de Enigma estaba escrito con sangre en la pared, aunque algunas fuentes señalan que podría ser kétchup.

En cualquier caso, la desaparición está confirmada y varios países se coordinan para dar caza a la criminal. Es el primer escándalo en la historia de MultiCosmos. El caso adquiere mayor gravedad porque la Master sospechosa ha publicado una amenaza en internet: ya ha elegido su siguiente víctima, y es el misterioso Usuario Número Uno, ganador de la competición del Tridente de Diamante y del MegaTorneo. Cómo va a averiguar la identidad del Usuario Número Uno es algo que la policía todavía desconoce.

Pero ¡un momento! Pego tal brinco que a punto estoy de asustar a las madres de Alex. Claro que Aurora conoce la identidad del Usuario Número Uno: me persiguió hasta el campamento y me tuvo a punto de caramelo. Escapé por pura potra. Y no sólo intenta matarme a mí; también ha hecho desaparecer a otro Master. Eso explicaría por qué no vi a ninguno de los dos cuando gané el Tridente de Diamante. El mayor enemigo de los Masters... es una de ellas. Se avecina una guerra que ríete tú de la Batalla del Avatar Tuerto.

Alex, que ha notado que algo va mal, me mira y le paso el periódico. Se lleva una mano a la boca, alarmada. Lo que me faltaba: justo cuando me libro de Qwfkr, me sale otro archienemigo mortal. Pero ahora mismo tengo que atender asuntos más urgentes que una asesina cósmica. Cambiarme de calzoncillos, lo primero. En segundo lugar, reclamar mi premio del MegaTorneo. Ojalá exista una copia de seguridad de Beta2. Tengo el resto del verano para explorar MultiCosmos y acumular Puntos de Experiencia. Además, tengo un nuevo amigo, Spoiler, y estoy deseando presentárselo a Amaz∞na. Me pregunto cómo se llevará un ninja con una elfa-enana.

Y lo más importante de todo: tengo que contarles la verdad a papá y a mamá. Ya me he metido en un lío bastante gordo por ocultarles mi victoria en el Tridente de Diamante y fingir que me gustaba la naturaleza. Es hora de sincerarme con ellos.

¡Cuántas cosas por hacer! Mejor me tomo un respiro antes de empezar y echo una partidita de multicromos en El Emoji Feliz. Después de dos semanas de campamento, lo único que quiero es un poco de tranquilidad.

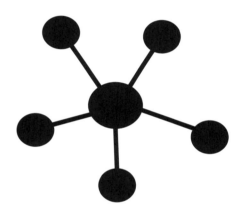

\<Un ruido muy raro\>

Nunca subestimes el cerebro de un matón.

Salgo del laboratorio de puntillas, con cuidado de no llamar la atención. Los conejillos de indias me miran con ojos suplicantes:

—No os gustaría est[...] hora mismo —les susurro. Uno de ellos [...] lve en su jaula; no sabe la suerte que [...]

Llego hasta la [...]erilla del fin[...] pasillo y bajo los diez escalones [...]squina y compruebo que no [...]ejado. Estoy a punto de conti[...]s maullidos de treinta gatos t[...]un pie en alto. Falsa alarma: e[...]pezado la lección de flauta [...]

Pero nada m[...]cho el grito de alerta de un matón:

—¡Ahí está el friki! ¡A por él!

Repíxeles, toca correr otra vez. Pongo turbo en dirección contraria y busco una puerta por donde escapar. Si estuviese en MultiCosmos ya habría sacado la espada binaria para defenderme, pero esto es la vida real, las armas son ilegales y los matones me superan en fuerza y en número.

Escanea el código QR para desbloquear
MultiCosmos 3

Ya a la venta

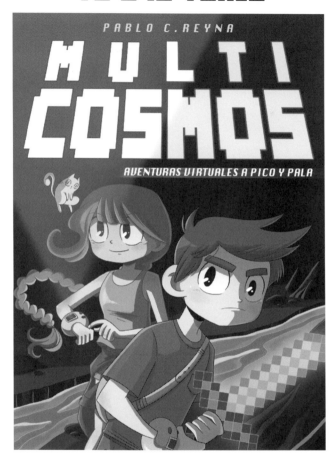

Próximamente

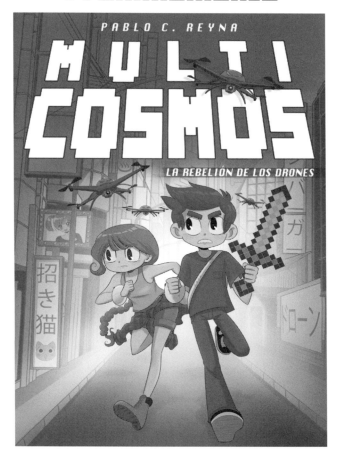

A la venta en septiembre de 2016